KYOTO
UNIVERSITY
PRESS

田中秀夫

近代社会とは何か

ケンブリッジ学派とスコットランド啓蒙

学術選書
062

京都大学学術出版会

はじめに

本書は筆者が思想史家として気楽に話した学会報告などを中心にまとめた論集である。その主題はスコットランド啓蒙、小林昇、内田義彦、水田洋という三教授の仕事との関係、ポーコック教授の仕事、したがって共和主義、そしてフォーブズに始まるケンブリッジ学派の思想史研究などにわたっている。思想史方法論も射程内にあり、わが国の戦後啓蒙と市民社会論についても不十分ながら論じている。その焦点は、結局のところ、「近代とは何か」、「近代社会とはいかなる社会か」、ということに尽きる。

ポスト・モダンが叫ばれるようになって久しいけれども、筆者はいまだ我々は近代社会のなかにいるし、しかも我々の住んでいる社会は、いまだ不完全な近代社会であって、様々な改善が必要であるという思いを禁じえないでいる。

天安門事件で民主化が挫折した隣国の中国は、急速な経済発展をしているけれども、十分な代議制のない共産党官僚による独裁国家であり、ホッブズの描いた「リヴァイアサン」に似ているとしても、おそらくそれ以前の段階の国家である。しかし、『リヴァイアサン』は多くの西洋近代の古典とともに今では中国語訳が出ている。モンテスキューの『法の精神』も、マイネッケの『近代史における国家理性の理念』も、またスミスの『道徳感情論』や『国富論』も訳されている。こうした西欧近代のキャノン（正典）の中国語訳が書店に並んでいるからには、やがて再び民主化が求められるときが来るであろう。いまだ中国は近代社会ではないと思うのだが、隣人として、中国から長く文化的な恩恵を受けてきた国の人間として、はやく近代社会になってほしいと願わざるをえない。筆者には一〇代の後半に三好達治の『新唐詩選』や『論語』、『孟子』などを愛読した経験がある。多元的価値、複数政党制、議会政治などをいかにして導入できるかに、中国の近代、自由民主主義社会の成立はかかっている。

ヨーロッパ近代とは何か

ヨーロッパの社会思想史は、近年の激しいヨーロッパ中心主義批判を受けて、今では相対化され、多くの主題の一つに格下げされているという印象がある。しかし、ヨーロッパの思想史の遺産はそのような扱いが適切なのだろうか。ヨーロッパ中心主義批判が妥当性をもつとしても、ヨーロッパの思想的遺産には継承すべきものがたくさんあるのではないだろうか。もちろん、批判はあってよいが、しかし、ヨーロッパとヨーロッパの社会思想史の真価自体はしっかりと認識される必要があると思う。ヨーロッパの学問の蓄積は恐るべきものであって、そう簡単に乗り越えたり、見棄てたりできるものではないと言わなければならない。

私は近代の社会思想史を専門としているから、研究の素材あるいは対象は主に近代の古典的な文献である。なぜ古代ではなく近代なのか。私は経済学部で仕事をしている経済学者の端くれとして「近代とは何か」、「近代社会とは何か、いかなる社会か」ということに関心をもってきた。そして近代を乗り越えるとすれば、どのように乗り越えるのだろうかということにも関心を抱いてきた。

そういうわけで、おのずから近代を中心に歴史や社会を考えてきたが、もっと掘り下げて言えば、その理由は「近代社会の原理」が我々の社会の原理になっている、あるいはなるのが望ましいと、広く多くの人によって考えられていると思われるので、その原理を究めたいということであった。

しかしながら、ヨーロッパ中心主義批判との関連で、近代は激しい批判の対象になってきた。近代にはポジティヴな側面もあればネガティヴな側面もあることは言うまでもない。近代はヨーロッパが作り出したという理解は一般的であるが、ヨーロッパが作り出した近代を手放しで賛美する人はいないであろう。多くの人はヨーロッパ近代が生み出した自由な社会や富と権利の概念あるいは価値を支持するとともに、同時にヨーロッパが生み出した格差や差別や植民地支配、あるいは帝国的支配を批判してきたし、今なおそうである。ヨーロッパ近代の功罪を私自身もずっと考えてきた。それはマルクスやウェーバーの問題でもあった。若き日の私自身も、マルクスやウェーバー、大塚久雄や増田四郎、内田義彦、丸山真男、小林昇、水田洋、そしてまた杉原四郎などの著作を読んで、ヨーロッパ近代の理解へと導かれた。

「近代社会とはどのような社会であるか」という問いは、おおよそのところ明らかになっているのかもしれないが、つねに反芻し、繰返し問わねばならないと思われる。反芻し、継承しないものは失われてしまう。しかし、書きものになっているものは、残って読まれれば復活可能である。近代が忘れられるということはないが、近代の古典といえども、読まれなくなることはまま起こる。例えば、一九世紀にはスミスの『道徳感情論』はほとんど読まれなくなり、二〇世紀の後半になって甦った。紙媒体は長く保存可能だが、電子書籍などは危うい気がする。

市民革命

ホッブズは『リヴァイアサン』（一六五一年）において、個人が生存の保障をえるためには共通の権力、絶対的な国家権力が必要であると主張した。国家存立の理由は個人（市民、国民、臣民）の生存の保障だから、この部分を重視すれば、民主主義になるし、絶対主権を重視すれば、絶対主義になる。民主的な目的のために絶対主義を要求したと述べれば、より正確な把握になるだろう。私見では、大正デモクラシーの美濃部達吉の天皇機関説はホッブズの理論に似ている。

ホッブズは近代社会の原理を解明したと言えるのだろうか。個人の生存の保障がホッブズにおいては国家＝社会の目的である。個人が可能な限りで安楽に生きることをホッブズは明確に価値として認め、そのための手段として法と国家を考えた。共通の権力なき自然状態では生存はつねに危機に晒されるというのが、議論の出発点であった。しかし、結果として導き出された主権国家としてのリヴァイアサンのなかで、個人はつねに権力との緊張関係のもとに置かれざるをえないのが、ホッブズの思想の未成熟を示すであろう。

自然権として個人が生存権をもつという思想は、近代のヨーロッパで至高の思想となった。古典古代が何より「卓越」としての「徳」を価値と見なしたのに対して、中世キリスト教社会は「救済」、「恩寵」、したがって神への「祈り」を最高の価値と見なした。さらに「殉教」も賛美された。それは生命の自己否定であった。一方で封建社会であった中世にあっては領主貴族への「忠誠」が臣下の行動原理であり、価値であった。そこには恩貸地の下賜と「忠君愛国」の相互性、交換原理があった。騎士道もまた「誠実」を価値とした。

またキリスト教中世では「禁欲」、すなわち「清貧」が尊重されるべき価値であった。カルヴィニズムは救済を予定説と結び付けることによって、救済の確証を神の道具としての人間の「勤労」への拍車に求めていく。こうして行動的な原理がキリスト教からも生み出されるが、勤労は世俗社会のなかで自助＝自立を求める近代人の価値となっていく。かつて高貴と見なされた掠奪や戦闘は、高慢（Pride）の産物として否定される。

一七世紀から一八世紀にかけて、国家の統治原理としての「被治者の同意」に基づく統治という思想が市民革命の思想として確立する。市民革命の主体である議員やコモンローヤーはその思想を「古来の国制」の概念を援用することによって悠久の過去にも投影した。こうしてサクスンの「賢人会議」なるものが実在したと主張されたのである。しかながら、他方では「古来の国制」なるものは神話であって、ゲルマン中世にはノルマンの征服によって封建法が支配したのだという封建法学者の実証的な反論が展開された。その帰結はフィルマーの国王＝族長説であった。

こうした論争を経て、歴史論争を断ち切る超越的な自然法思想に社会契約説を結合して理論を新しい次元へと推し進めたのがホッブズであった。したがって、ホッブズは理論的には革命的な思想家であった。ホッブズの論敵として登場したハリントンは『オシアナ共和国』（一六五六年）において、権力の基礎を所有に見出し、所有の変動に権力の変動を基礎づける経験的政治学を構築し、農本的共和主義を提唱した。それはユニークな試みではあったが、近代社会の原理の把握としては不徹底であった。

革命的なホッブズの自然法思想を継承しつつ登場したロックによって、同意に基づく統治が原理として強く主張され、それが名誉革命と名誉革命体制の根拠となる。さらに同意による統治はアメリカ革命とフランス革命の原理ともなる。同意に背く統治は国民の抵抗→統治者の交代を招来することになる。

スコットランド啓蒙

ハチスン以後のスコットランド啓蒙では、社会契約説はフィクションとして拒否され、国家の統治原理として「公共の利益」の概念が強調された。そして「よく生きる」ことは、卓越を目ざして生きることであるという古典的伝統の観念を部分的に復活させながら、ホッブズ・ロックの生存権の思想を継承して経済学を構築することになる。スミスは物質的に欠乏しない豊かな生活を可能にする原理を近代社会の原理として称揚した。勤労、分業、資本蓄積、自由市場経済を貫く利己心の原理がそれである。卓越としての公共精神は立法者にとっておかれるから、無視されているわけではないが、有用労働は農業と製造業に従事する労働であるとして、物質的に豊かな生活を可能にする生産的労働を近代社会の原理として重視した。

ハンナ・アレントはここに古典的な活動の概念から労働の概念への重心の転換を見ている。卓越主義から生命尊重思想への転換であり、凡庸の肯定であり、それは人間の堕落と一体だというのである。もっと多くの生命を、もっと多くの労働をというのが近代の原理だという訳である。それは人間の本質の自己実現だろうか、というのが彼女の問題提起であった。

スミスは市場経済、商業社会が人間の凡庸化をもたらす、分業は知的・道徳的能力の退化を必然化するという事実に気づいていた。そしてその拮抗力として古典的徳の概念を対置し、有徳たらんとする志向をもつように促した。民兵制度の導入によって武勇の精神を恢復しなければならないとも主張している。

スミスとスコットランド啓蒙の思想も視野におくと、近代社会の原理はより明確になるよう思われる。個人主義、自由主義、被治者の同意による統治、すなわち議会政治、国民の安寧のために存在するものとしての国家、三権分立、司法権の独立、物質的な豊かさ、寛容、職業選択の自由、思想信条の自由、言論出版の自由、結社の自由など、基本的人権の保障。こういった条項を実現するものが近代社会である。近代社会は多様な価値、多元的価値の共存を許す。私見では、このような条件を実現していない国家や社会は近代国家ではないし、近代社会ではないということになる。

そのような条件についてのほぼ十分な認識は、ほかならぬスコットランド啓蒙がもたらしたと述べて、過言ではない。アメリカの建国の父たちはこういった考え方の一部をロックやモンテスキューから学んだが、より多くのものをスコットランド啓蒙から学んだ。そしてフランス革命の思想家たちは、ルソーからもアメリカの啓蒙思想家からも多くの思想を継承したが、その多くはスコットランド起源であった。

こうした事実はスコットランド啓蒙を顧みる必要性を教えるであろう。実際、スコットランド啓蒙は近代思想の「総合」を成し遂げたのである。「自然法と共和主義とポリティカル・エコノミーの総合」としての「道徳＝社会哲学」がそれである。法と政治と経済を包括するスコットランド社会哲学が一八世紀の大ブリテン、大陸とアメリカ、そして一九世紀の世界へ、さらにはわが国へと普及していったことは、ようやく今日になって広く知られ始めている。

本書は冒頭に述べたように、近代国家あるいは近代社会、スコットランド啓蒙、共和主義、とりわけ思想史の方法について考察した論考からなる。「近代とは何か」、「近代社会とはいかなる社会か」、および思想史の方法についての筆者の見解に同意をえられるか否か定かではないが、また本書の内容が満足を与えられるか否かも心もとないが、気楽に読んでもらえれば幸いに思っている。

わが国に決定的に不足している共和主義の思想——分かりやすく言えば、古典古代の卓越主義の近代における復活の意味——についても、関心をもってもらえれば幸いに思う。

生命尊重と卓越の両立は、多元的価値を容認する近代社会においてはじめて可能になる。言いかえれば、人権（自然法思想）と徳（共和主義）の両立を可能にさせるのが文明社会（それはスコットランド啓蒙が称揚した社会であるが、そこでは「富と徳」の緊張が問題となった）としての近代社会（自由主義社会）である。したがって、近代社会を乗り越えるということは、人権と徳以上のものを求めるということであって、それは容易な業ではないであろう。

「衣食足りて礼節を知る」（『管子』）という言葉がある。礼節も大切だが、卓越を目指す志も尊い。卓越を求める時代と社会がポスト・モダンだとすれば、ポスト・モダンを支持したいけれども、今なお先進国は大衆社会として大半の大衆が消費生活とサブ・カルチャーに明け暮れているようにも見える。それでいけないと強く主張するつもりはないが、卓越を求めない社会はつまらないように思われる。今日、後進国はまだその段階ではないが、先進国ではそういう時代に向かっているのではないかとの仄かな期待をもつのは夢であろうか。

近代社会とは何か◉目　次

第一章　小林昇経済学史学の根底にあるもの(1)

1　経済学史の成立

戦後日本の金字塔

戦後日本において燦然と輝く社会科学の金字塔としては、社会科学者なら丸山真男の政治思想史研究、宇野理論や大塚史学を挙げるのが通例であろうが、しかし内田義彦の経済思想史、水田洋の社会思想史などもあれば、広松渉の業績や渓内謙のソヴィエト・ロシア研究、野沢協のピエール・ベール研究もある。小林昇（一九一九―二〇一〇年）の経済学史研究もその一つである。若い経済学史家がそのような認識をもっているかどうか定かではないが、小林昇の経済学史研究は二一世紀にも参照されるべき不滅の業績であると思われる。

もとより小林昇以外にも優れた業績をもつ多数の経済学史家がいる(2)。そのなかで杉原四郎、杉山忠平、平田清明、菱山泉、田中真晴などはすでに亡くなった。伊東光晴(3)、津田内匠、田中敏弘、根岸隆、塩野谷祐一、永井義雄などは今なお健在である。しかし、経済学史・経済思想史に限れば、小林昇の業績は群を抜いている。本格的な経済学史著作集(4)が出ているのは小林昇だけで、今後も出るかどうか疑わしい。森嶋通夫や青山秀夫にも著作集はあるが、経済学史に限定したものではないことは言うまでもない。

経済学史とは何か(5)

経済学史という学問は、総じて、経済史と経済理論の中間にある専門分野として発展してきた。その起源はマルクスの『剰余価値学説史』に遡るであろうが、英米では、経済学史・経済思想史は経済学への入門科目として導入された模様である。研究者はシュンペーターのように経済理論研究の補助学問として経済学史研究を行なうことが普通であった。

わが国の場合、旧帝大の経済学部に経済学史が講義科目として置かれていたから一〇〇年あまりの歴史がある。京大経済の場合、明治三六（一九〇三）年に経済学史が経済史とともに置かれた。(6)福田徳三や河上肇の経済学史はそのような時代の遺産である。著名なものに杉本栄一の『近代経済学の解明』（一九五〇年）や白杉庄一郎の『経済学史概説』（一九五二年）がある。

戦後になって簇生した大学の経済学部には経済学史が専門科目として置かれ、教育の必要もあって多くの関係者が学史研究を開始した。その結果、経済学史学会が設立され、経済学史研究者という科学者集団＝専門家が次第に形成され、「通常科学」として経済学史研究が始まったというわけである。

経済学史は、都留重人の、わが国の経済学は経済学ではなく「経済学学」であるという批評が文字通り当てはまる学問であった。洋学の特質を論じる学問論は戦後に始まったことではない。それは「文明開化」に発する「和魂洋才」という輸入学問の伝統に合致する学問のあり方であり、その伝統がいっそう強められたのである。輸入学問はどこでも、多かれ少なかれ、いかに消化するかという消化問題、あるいはいかに土着化するかという馴化問題に直面する。それはわが国に特有の現象ではない。しかし、かくも多くの経済学史家がいて大学で講義するとともに、その一部が他分野の経済学者とともに、総合雑誌が形成する論壇——それは文壇の対応物である——に登場したということは、とりわけわが国の特殊な事情のように思われる。けれども、近年、ますます論壇の影が薄くなってきているのも事実である。

加藤周一は、貪欲に外国文化を吸収し、日本的なものにする馴化が強い結果として、日本の文化を「雑種文化」と規定した。しかし、経済学では馴化、あるいは日本独自の経済学の誕生が待望されながら、なかなか雑種ないし新種を生まなかった。そのために、テクストをそっくり翻訳し、解釈で不足を補うことが経済学ではなされてきた。独自の経済学は今日に至るまで生まれていない。その点に課題を見出していたのが内田義彦であったが、内田も日本の伝統から——翻訳語ではなく伝統的な日常語の日本語を用いて——経済学を構築することはできなかった。

そもそも経済学が普遍性をもった学問（理論）である限りは、日本に独自の経済学など生まれようがない。第二次大戦中には、国粋派の皇道経済学なども標榜された。それは荒唐無稽であった。けれども、幕末・明治以来の西洋からの輸入学問（洋学）の土着化という課題への意識とあいまって、経済学という学問の特質が、少なくとも二〇世紀の終わりまで、大学の講壇においてだけではなく、学界、さらにはわが国独特の「論壇」で長きにわたって論じられてきたのである。

クーンのパラダイムにちなんで言えば、マルクス経済学と近代経済学という二つの「通常科学」のパラダイムがあって、学史研究の立場は二分された。前者が長く圧倒的に優位していたが、おそらく八〇年代に逆転が生じたと言えるであろう。そして古典派経済学が両パラダイムをつなぐ役割を果たしてきた。ノーベル経済学賞は主流派経済学のパラダイム形成を強力に促してきた。にもかかわらず、パラダイムは相対化され、あるいは多様化され、今では様々な経済学が意識されているように思われる。様々な現代経済学からの、クーンの言うパラダイム転換はいまだ生じていないように思われる。

英米での経済学史の著作としては、マルクスを別とすれば、エリック・ロールやシュンペーター、マーク・ブローグなどの著作が有名であるが、近年、英語圏だけではなく、ヨーロッパにも学史学会が結成され、ますます多数の著作が書かれるようになっている。多くの場合、経済学史は経済理論との関連が意識されていて、経済史との関連を重視するものは少ない。その点で、「経済史への学史的接近」として経済学史の役割を理解する小林昇の学史理解は少数派のものである。

わが国の経済学史学会が七〇〇人を擁する規模であって、多くの大学の経済学部で経済学史の講義が行なわれているということは、世界に例を見ない独自性であると言われて久しい。最近は経済学史学会の会員数も減少傾向にあり、大学の経済学史講義は専任を置かずに行なっているところもある模様であるが、歴史研究としての経済学史研究が海外と比べてきわめて盛んに行なわれているという事実には変化はない。

それはなぜであろうか。経済学史という学問は何なのであろうか。経済学史は経済学の歴史を研究する学問であるから、歴史研究である。なぜ経済学が生まれたのか、それはどのような発展ないし変化を遂げてきたのか、その理由は何か、そして現在の経済学はどのような状況になっているのか、歴史的視点から見て、現在の経済学はいかにあるべきであるか、等々といったことを明らかにすることが経済学史の主題となるであろう。

そうしたことを知ることは、もちろん有意義である。現代経済学の直面している課題を考えるときに歴史的視点ぬきでは覚束ないであろうし、経済学史の知見は有益な情報を提供するであろう。さらに経済史の知識も必要である。社会、国民、世界の経済がどのような変遷を遂げてきたかという事実認識との関連なしには、経済学史も現在の経済学も意味のある学問とはならないであろう。

そのようなことを経済学史自体が示唆するし、とりわけ小林昇経済学史が教えることは多い。それでは小林昇経済学史研究の特徴と意義について少し立ち入って考えてみよう。

2　小林経済学史の方法と対象

小林学史の方法と射程

小林経済学史の方法は定評がある。それは経済史を踏まえた原典の実証的な文脈主義的分析と言ってよい。しかし、中心に置かれているのが経済学の古典的文献であることは言うまでもない。マルクスの経済理論、ケインズの経済理論――専門的知識――が理論的参照軸として前提されている。そこから始まる小林の学史研究は、文脈主義的研究である。

文脈主義的学史研究は古典の周辺に埋もれている文献の発掘につながる。二次文献も重要なものは可能な限り参照し、幅広く研究するというのが小林昇の姿勢である。優れた二次文献は新たに究明すべき文献や文脈、対象を教える。その結果、研究の射程は広がり、深化する。しかし、研究は無限には行なえないから限定が必要となる。一般的に言えば、限定は、結局のところ、時間と能力によって設定されることになるとも言えるが、小林の場合は、リスト、イギリス重商主義、スミスが限定された対象である。

周知のように、小林昇経済学史研究においては、経済史が参照され前提されているが、基本的に政治思想や社会思想、イデオロギーなどの関連領域は省略されている。いわゆる思想史的アプローチは退けられている。サー・ジェイムズ・ステュアートは法学から出発してポリティカル・エコノミーを形成するし、アダム・スミスはモラル・フィロソフィーの体系から倫理学、法学、経済学を展開するけれども、それぞれの学史的な専門知識をもたない経済学者が倫理学や法学などの異分野を素手で研究できようがないではないか、というのがその理由である。[7] この点、タッカー研究だけは例外である。したがって、広い近代社会思想のなかで経済思想を考えるという接近法はとらない。また思想史の伝統と近代という比較はないから、基本的に近代批判は登場しない。[8]

小林学史の対象

小林の学史研究が上述のようなデルタを形成していることは周知の通りである。W・ペティーあたりから始まり、ステュアートを頂点とするイギリス重商主義、リストを中心とするドイツの保護主義、そしてスミスの自由主義経済学からなるこのデルタは、偶然に形成されたのであろうか。否、そうではない。

まず、このように一七世紀から一九世紀にかけての英国とドイツの経済学が小林の対象であったことを確認しておこう。すなわち、小林経済学史の中心にあるのはリカード、ミル、マルクス、マーシャル、ケインズではないのである。一八世紀が中心にあると言えるかもしれないが、ケネーやフィジオクラートのフランスは射程外で、イタリアもアメリカも直接的な関心の外部である。[9]

では果たして一八世紀のステュアートやスミスが中心にあるのだろうか、それとも一九世紀中葉のリストが中心に置かれているのだろうか。それを見極めるのは容易ではない。少なくとも一見する限り、リストからイギリス重商主義とステュアート、タッカー、そして次にスミスへと小林昇の研究の力点は移動し、最後にステュアートに再度研究の焦点が置かれたように見えるからである。そして小林昇は自らの研究を三極からなるデルタの開拓として語った。したがって、小林昇の意識においても三極は等価値であるように見える。しかし、本当にそうなのであろうか。私の理解は後に述べよう。

小林学史の根底にあるもの　そのアクチュアリティー

このように小林経済学史の対象がかなり遠い時代のイギリス（正しくはブリテンというべきかもしれないが、小林はスコットランドも含めてイギリスと述べている）とドイツのかなり過去の経済学者であるからといって、小林経済学史はノスタルジーの産物ではない。それはきわめてアクチュアルな問題関心に支えられていたように思われる。すなわち、その認識の核心にあるのは、戦後日本の課題は一七、一八世紀のブリテン、一九世紀のドイツが直面していた課題と段階的な共通性があるという把握である。それはあえて言えば、健全な国民経済の形成——農工商の均衡ある発展を実現した国民経済、リストの言う正常国民の実現——という課題である。その認識の具体化がトリアーデをなす研究となった。

したがって、小林昇は経済史をもよく研究した。小林が大塚久雄の経済史研究の継承者であったのは、その問題意識からして当然であったように思われる。その経済史の知識は比較を通じた社会の段階把握に迫る手段となった。一八世紀のイギリスと二〇世紀の後半の日本を比較するということが、明示的に行われているわけではない。しかし、両者の段階的差異はつねに意識されていたにちがいないのである。この点に講座派から大塚史学に継承される歴史主義の影響を見ることができる。あるいは、それはマルクスを出発点として洗練された歴史主義であったと言うべきかもしれない。

小林が取り組んだトリアーデは戦後日本の文脈、もっと広く言えば、日本資本主義論争に始まる日本資本主義理解の文脈、さらには戦中・戦後世界の文脈と不可分の関係にあったということは、考えるまでもなく当然のことであるが、しかし、問題意識の希薄な研究に堕しがちな現在の学界の風潮を想起するとき、重要な教訓となるであろう。ウェーバーが明確にしたことでもあるが、社会科学の場合、研究者は自らの時代経験と社会認識、問題意識をもって研究対象を選ぶことは言うまでもないであろう。もちろん、研究者自身も自らの置かれた時代や境遇などの制約を受けているから、研究対象を自由に選べるわけではない。

3　時代経験のなかで

兵卒＝庶民の目線

リスト研究を急いで取りまとめた小林昇は、第二次大戦に徴兵され、兵卒として越南（ベトナム）へ出征した。この戦争体験は決定的に重要であった。九死に一生を得た小林は、自らの時代経験（ハンナ・アレント）のなかから、庶民の目線で、戦後の日本社会のあるべき姿を追い求めるという課題を胸に、経済学史というフィールドでその課題に迫る武器を磨いた。

なぜ兵卒として自分は越南に送られ、生死の狭間をさまよわねばならなかったのか。戦場とは何であり、自分がコミットさせられた戦争はどのような戦争なのか。そこに大義はあるのか。残酷な事実だが、帝国日本が侵略した第二次大戦、一五年戦争に大義などなかった。大東亜共栄圏は空想でしかなかった。他界した戦友の死はどう考えればよいのか。

庶民の目線でと述べたが、それは小林が知識人の傲慢、うぬぼれに潔癖なまでに批判的であったからである。エリートの傲慢が鼻持ちならぬ頽廃や酷い災害を招くことがあるというのは、小林の痛烈な認識である。小林は、それを東大経済学部の内紛、また軍医総監森鴎外の事例などを挙げて語っている。福島原発事故でこの国のエリートたちが相変わらず無責任で頽廃していることを国民は見せつけられた。

研究の出発点

今から三五年ほど前のことであるが、小林教授に「なぜリストや重商主義から研究を始められたのか」質問したことがあった。そのとき教授は東大経済の指導教授であった本位伝祥男からヘクシャーの『重商主義』を読むように指導されたからだと答えた。しかし、それは私の理解では表面的な理由である。[10] 小林は「特定の師に仕えなかった」[11] と語っているが、リストや重商主義を研究することが重要と判断されていたからに違いないのである。

戦中の日本は帝国主義・軍国主義の時代にあった。明治政府が富国強兵を国家目標にすえたことも影響したが、帝国主義の覇権争いに日本も否応なしに巻き込まれた。しかし、日本は欧米のように、資本主義の高度化としての帝国主義国であったのではなく、ヨーロッパの歴史との対比で言えば、「半封建的半軍事的帝国」であり、日本はいまだ基本的に「重商主義」の時代の課題を解決していなかった。小林はその時代状況から超越して生きることはできなかった。小林は、一部の共産主義者やキリスト教徒のように意図的に国家や時流に抵抗をしたわけでもなかったが、軍国主義に賛同したわけでもなかった。小林は青年兵卒として従軍したが、それはやむをえざる選択、言いかえれば普通の選択であった。

帝国と帝国主義

もとより帝国主義——軍国主義時代の日本といえども戦争一色ではなかった。銃後にはいくらか自由な生活もあった。それは一八世紀のイギリスとて同じ事である。イギリスは世紀の大半、戦争を行なっていたが、国内は概ね平穏であった。ただし、論争と党争は激しくたたかわされた。争点は多々あった。イギリスはオランダ等とプロテスタント国家連合を形成し、ブルボン家のフランスに対抗した。プロテスタント連合はダンテに遡るカトリックの普遍王国の野望に警戒心を解けなかった。また戦争を敢行するには国内での危機意識を醸成させる必要もあった。

わが国の場合もそうで、帝国主義の時代状況のなかで、時の指導者たちは、自らを帝国として強化し、欧米列強の侵略を撥ねつける力を身につけねばならないと考えた。アヘン戦争で蝕まれた上海租界などの植民地は欧米に対する警戒心をかきたてる理由となった。実際に英国もフランスもアメリカも、アジアを植民地化し、その勢力圏を拡大しつつあった。

小国日本の自律

小国日本はいかにすれば国を保全できるか。現状に甘んじて手を拱いていて存続が可能か。国家理性（マキァヴェッリ）は生存のためにライオンの力と狐の狡知を使い分けるように奨励していた。一六世紀以後のヨーロッパにあっては、共和国は存続できる規模になるまで拡大を求めなければならなかった。安定は夢であった。ヨーロッパが拡大した現代にあっては、近代の論理――拡大する共和国――に従って小国日本は生命線を東アジアに求めることになった。

多くの人には、それが帝国主義時代の宿命であると思われた。

近代の論理を小林昇はどう把握し、どうコントロールしようとしたのか。農業生産力を高める製造業を生み出すことによって「民富」の蓄積を可能にした近代は、欲望の解放を可能にし、庶民も豊かな生活をおくれる社会を生み出したが、他方、資本主義は生存競争を激化させもした。近代国家は国家存続のために戦争に訴えた。

国家を廃止することはできないだろう。それでは帝国主義を抑制した社会はいかにすれば可能となるのか。社会主義の可能性はどうか。飢えた大衆を生み出さないためにはどうすればよいか。国民が飢えず、また戦争に訴えずに、生存することが可能な条件は何か。工業の順調な発展による農業の近代化が必要条件ではないか。しかし、欲望の解放には限度がなければならない。経済学史に議論を限定していたが、こうした問題とともに近代のポジとネガを小林が透徹して認識していたことは間違いない。青年を焦燥に駆り立てた日本ファシズムの温床は農村の貧困にあった。

わが国の資本主義は、幼弱な産業資本（生産）を育成しなければならないという要請に直面しつつ、重商主義的要素を残しながら、同時に帝国主義時代の「野心」としての領土支配と「恐怖心」としての高度国防思想に結びついて展開していた。

帝国日本は、さらには五族協和（日、満、漢、蒙、鮮）、東亜共同体の構築（京都学派）という理念によって膨張の論理を美化しながら対外侵略に打って出た。こうして敢行された冒険主義的な対外進出は、日韓併合（一九一〇年）、満州国建国（一九三二年）までは成功したかに見えたが、現地の独裁政治よりましな場合＝例外はあるにしても、そもそも対外侵略が異なる文化と歴史をもつ他国の歓迎を受けるはずもなく、現地の激しい命賭けの抵抗にあい、やがて圧倒的に強力な米軍によって、日本軍は完全に叩きのめされる。

国民国家が帝国になることは多大の犠牲を内外にもたらす。帝国への道は苦難の道であった。それは日本のみならずイギリスもアメリカもソ連も同じであった。

戦後を迎えた小林昇にとって、重商主義は「力」による支配の拡大を求める帝国主義とともにいまだ現実を形成する要因であり、克服すべき政策体系であった。保護を名目にする力による支配としては重商主義も帝国主義も異ならないのではないか。

「近代とか、ヨーロッパの問題とかいうものを積極的に考える場合には、結局そういう問題（人間が解放されるかどうか、人類的存在が永続できるかどうかという、きわめて重要な問題——引用者）の解決にも、ヨーロッパ固有の思想が最も役に立つんだというところを証明するといいますか、印象づけることができなきゃいけない。それができなければ、逆に、非常に反動のようなものを生む可能性も出てくるわけですから、いま、ヨーロッパ近代というものを考える場合に、それが一番重要な問題じゃないかと思うんです。[12]」

この文章に続けて、小林はこう語っている。世界史の規模で考えれば、ヨーロッパは二度世界を荒らしている。一度は、スペイン、ポルトガル――とくに、スペインによるアメリカ大陸の収奪。第二に東洋諸国に対する、とくにイギリスの略奪。前者は後ろにカトリシズムがあり、後者はプロテスタン的なものが背景にあった。小林は一九六四年にドイツでの在外研究に出ているが、ベトナム再訪からヨーロッパに行った船旅で、ヨーロッパ人による略奪、荒廃の跡をいやというほど見てしまった。ヨーロッパを好きな日本人はイギリス人のガーデニング、フランス人の時間をかけた午餐といった風習に感心する人が多いが、こうした略奪と一体として考えなければならない。「そういう全体的な文脈でヨーロッパというものを考えたいという気持がぼくにはありますね[13]。」

重商主義のポジとネガ

ヨーロッパのアジアとアメリカの略奪は見て見ぬふりをするわけにはいかなかった。アフリカも同じであろう。ヨーロッパの賛美は小林に無縁であった。ヨーロッパ近代をどう理解すべきか。ヨーロッパ近代の強みもまた認識しなければならない。経済学という学問を生み出したのは、イギリスの強みである。スミスは重商主義を批判して経済学を確立した。そのスミスはサー・ジェイムズ・ステュアートから学問的恩恵を受けていたのではないか。またスミスの経済学は強みもあるが、弱みもあるのではないか。こうして小林の経済学史は追究すべき課題を見出したのである。

こうしてまず重商主義のすべてを否定できるかという問題が登場した。すべてを赤か黒かと識別できるであろうか。複雑な社会現象に単純な規定を与えることは間違いの元である。重商主義をどう分析すべきなのか。小林昇の最初の課題が生まれた。ここから小林昇経済学史の独創的な理解が生み出されることになる。

トーリ・フリー・トレーダーの一人、トマス・マンの『貿易によるイングランドの財宝』(一六六四年)のような重商主義文献は、貿易=商業、貿易差額(Balance of trade)による富裕の実現を標榜した。重商主義が平和な商業活動を意味する限り、相互の利益(互恵・正義)に、また戦争(脅迫)ではなく友好関係の形成に繋がる。

しかし、貿易=商業が国家に支援され、特権的政策によって遂行されるとなれば、正義はそこなわれる。トマス・マンの主張の意図が特権的な東インド会社の利益を擁護することにあったことはよく知られている。貿易差額説は、特権の維持、自国の優位を戦略として目指すものである以上、国家権力の発動を介して戦争を呼びこむ危険な思想であった。

商業が大衆的な富裕を実現する場合と、特権的大商人(資本家)だけが富裕になる場合がある。商業が国内の産業の育成をもたらす場合もあれば、たんなる仲継貿易の場合もある。多くの人手を雇うか否かも重要である。多くの雇用があれば、多くの民衆が生活でき、民衆は好き好んで暴動に訴える必要がなくなる。治安が維持できる。政府は治安の維持を役割とするから(*Salus*

Populi suprema lex esto)、雇用に無関心ではありえない。

4　大塚史学と国民経済

前期的資本の概念

このような重商主義時代の政策分析を通じて、重商主義の概念の吟味が行なわれた。前期的資本の概念が大塚史学から継承されることになる。

経済学者が個別資本や特定産業の利益を擁護することは不正であり腐敗である。公正な研究はまずは国民の幸福をどう実現するかという問題に答えるものでなければならない。戦中・戦後の社会科学者の課題はここにあった。国民ではなく、人民の幸福を標榜する立場（マルクス主義）もありえた。市民社会の実現を目標に掲げる場合もあった。資本主義社会を否定し、社会主義社会や共産主義社会を求める人も多かった。

カントがそうであるように、理念としては世界共和国を選ぶのが崇高で正しい。しかし、それは夢想であり、ユートピアである。現実主義に立って世界を分析すれば、日本の場合、国民国家、国民経済という単位を選ぶしかない。遠い将来はともかく、さしあたりは国民経済を望ましいものにするにはどうすればよいかを考えるのが、経済学者の役割であるというのが、小林昇の根底にあった思想である。

国民経済は実体として存在しないという世界資本主義論もあるが、国籍があり、国家機構があり、国の伝統や文化があることは否めないし、我々は一足飛びに世界市民として暮らせないことも明らかである。一部の特権的個人は国も住所も選べるが、庶民にはそれは許されない。だからといって、国、国民、国民経済を絶対化すべきだというわけではない。

国民経済の概念

戦後日本の課題として小林昇が見据えていたのは「国民経済」の形成である。あるいは「民富」の形成である。農工商の均衡ある発展と言い換えてもよい。さきに庶民の目線と述べたが、生活者の視点と述べてもよい。上からの為政者の視点をもたなかったというのではない。政策論を展開するとき、両者の視点をもちながら、しかし目標は生活者の生活をいかに保全するかということに置かれた。小林の原点にある問題は、国民の平和で安全な生活は何によって確保されるのか。人間は歴史を通じていかに生きて来たのか。経験を踏まえて考えるとき、戦後の日本はどのような社会を目指すべきなのかであった。農工商のバランスのある発展はリストが目指したものであるが、小林の課題でもあった。

そうした国民経済の形成は一挙に可能となるものではない。革命をしたところで夢が実現するものではない。農工商のバランスを備えた国民経済の形成は、イギリスが先蹤として示しているように、長い努力の産物である。マルクスの言う資本の本源的蓄積の暴力的契機を排除しながら、資本の形成、勤労主体の鍛造、国内市場の整備、金融制度の確立、技術革新などが推進されなければならない。そのための政策は幼稚産業の保護育成をはかる保護主義であるほかはない。それが歴史的な概念としての「重商主義」である。こうした長い過程を経て、国民経済が形成されたとき、重商主義は廃棄され、自由主義の時代を迎える。そのとき国家の役割は、インフラ整備を残して、経済政策から次第に退場するであろう。その段階を示しているのがスミスの『国富論』である。

体制選択問題

多くの戦後派が意識したのは社会主義か資本主義かという体制選択問題であったが、小林の基本問題はそのような体制選択問題ではなかった。もとより、小林は冷戦に無関心だったというのではない。体制を問うなら、国民＝市民の生活を良くするという観点から問題にすべきである。マルクス主義者は、諸悪の根源を私有財産に求め、資本主義の廃止、貨幣の廃止、国家の廃止（「社会主義というのはどうせ空想」[14]）を主張していた。しかし、マルクスに源泉があるこうした主張に現実性があるとは小林昇はおよそ考えなかった。小林昇にとって戦争体験の意味は大きい。世界平和とか世界共和国は小林には夢想であった。（『西洋から西欧へ』では空想を語っている。国家なき世界、社会主義、マイナス・成長など。しかし、自身の本音は学問的労作に示されていると述べている。）

人間は国民のなかに生まれ落ちる。良かれ悪しかれ、個人は国民のなかで、国家に護られながら生きる他にない。国家は人権を蹂躙し、個人の勤労の成果である私有財産を奪うこともあるから、国家を全面肯定できるわけではない。しかし、無謬ではない国家は善ではないにしても必要悪である。国家と国防軍がなければ、国や社会は外敵に簡単に侵略され征服されるであろう。しかしまた国家によって兵卒は加害者にさせられる。国家は領土をめぐって争い、戦争も行なうけれども、国際関係が法のみによって規制されること（それは理想ではある）はまず不可能である。国家は武力をもたねば安全保障など覚束ない。

リアリズム

世界と歴史のリアルな認識は小林のものであった。誤解を恐れずに言えば、その意味でマキァヴェッリに通じるリアリズムが小林の政治観である。そうした認識に立つとき、マキァヴェリズムの落とし子としてのイギリス重商主義とリストの保護主義が小林の最初の研究対象となった意味を理解できるようになる。それらはともにリアルに批判されるべき側面と擁護されるべき側面がある。

リアリズムの対局はアイデアリズムである。観念論とも理想主義とも訳す。ロマン主義もある種のアイデアリズムである。社会主義もまたアイデアリズムになりがちである。

理想と理想主義とは違う。小林にも理想はあったであろう。しかし、理想と現実の途方もない距離に自覚的であること、それは小林の場合、際立っている。小林はその論説で理想を語ることはなかった(15)。

イギリス重商主義の課題は、大国フランスに対抗しての国民経済の形成にあった。リストの課題は、イギリス帝国に対抗してのドイツの国民経済の形成にあった。個別的な政策論を貫いて小林が見ていたのは根底における国民経済の形成であった。支配しようとする大国、先進国に対抗して、後進国が自らを護ろうとすることに不正はない。後進国の自立・独立を小林昇は一貫して支持するであろう。

自らが生を受けた国、郷里に根ざして人は成長する。そうした郷国の文化を暴力的に奪う過激な政治を小林は否定した。社会が良くなることを否定したのではない。文化を可能とするしっかりした国民経済がないと、安定した国民＝市民の生活は実現しないことを、一貫して主張し続けたのである。

固有の重商主義　単純な段階論の否定

普通、重商主義は商業資本のための政策であると理解されている。国民産業と標榜されたとしても特権的大商人が最大の受益者であるという理解である。それはアダム・スミスの理解でもあった。東インド会社などがその典型である。

宇野弘蔵は、レーニンとヒルファディングを踏まえて、資本主義の段階を商業資本、産業資本、金融資本の三段階として区分した。段階が高度化したとき、最後にはどうなるのか。宇野弘蔵は、資本主義は論理的には無限に繰り返すが、目覚めた階級の革命によって社会主義革命が起こる可能性があると説いた。そして社会主義社会とは労働力の商品化を解消し、労働者が自ら賃金を決定する社会であると定義した。

宇野の弟子の大内力は、資本主義の最終段階として国家独占資本主義を設定し、国家独占資本主義は中央銀行を通じたインフレ政策によって資本と労働の不等価交換を無限に可能にするシステムであると論じた。社会主義の必然性はこのようにして否定された。

一時期、影響力をもっていた宇野派の経済学は凋落し、ほぼ霧消した。このような宇野派の経済学に小林昇が関心を示した形跡はない。そもそも宇野派の段階論は小林昇の採るものではなかった。宇野によれば、現代は金融資本段階であるけれども、小林はそのような分類に満足しなかった。小林も段階という概念を否定したわけではないが、しかし小林の段階は宇野派の段階概念と異なる。小林にとっては「国民経済」という概念が重要であった。

重商主義が商人資本の政策体系に過ぎないとすれば、重商主義は国民経済と直接の関係はない。重商主義が、世界経済、世界資本主義ではなく国民経済と緊密に結びつくためには、国内での雇用や民富の形成と相関性がなければならない。歴史研究は重商主義時代の現実の多面性を明らかにしている。こうして重商主義一般、歴史とともに古いG－G′としての重商主義ではなく、国民経済の形成を推進する「固有の重商主義」という概念が必要となった。後者は国民

経済の形成を目指した政策体系として定義し直されたのである。(16)

戦後直後の日本にとって、体系的な国民経済の再建策が必要であった。アメリカ占領軍が行なったことは封建遺制の一掃（天皇制は温存された）であり民主化であったが、財閥解体を受けて、戦後日本は産業民主制に基づく産業資本をいかにして形成するかという課題に直面していた。政府は傾斜生産方式を導入し、上からの産業化を主導した。産業は工業（当時としては重化学工業）でなければならなかった。

農業では大人口の国民を養うことはできない。農業生産力の発展も必要であるが、それは製造業の発展なしにはありえない。それはイギリスの経済学の形成時代の研究を通して、小林昇が明確につかんでいた不動の認識である。戦後の為替レートの固定は重商主義の保護関税の役割を果たした。ステュアートに集大成されるイギリス重商主義と保護主義者リストの問題は、戦後日本の課題と見事に重なったのである。

固有の重商主義とは要するに国民経済の形成を目指した体系的な人為的介入策であった。

5　国民経済か国際協調か

高度成長の帰結

一九六〇年代に始まる経済の高度成長は一九七〇年代には豊かな社会を生み出した。国民は戦中・戦後の飢餓から解放された。世界市場で競争力をもつようになった日本の中核産業にとって、もはや保護主義は不要である。一方、国際競争力のない農業をどうするかは、論争のつきないイッシューとなった。これはモラル・エコノミー問題（生存権の問題）であった。穀物＝食糧は生命維持に直結する商品として独自性をもっており、保護が必要であるという見解を日本政府は堅持してきたが、小林はそれを暗黙裡に支持していたのではないかと思う。それでも日本の食糧自給率は低下してきた。食糧自給率は何パーセントが正しいか。この問題は明確に数値を示すことができない問題である。その問題は弟子の服部正治が「穀物法廃止の前提」という問題設定において間接的に追求した。

スミス研究への投入

高度成長の恩恵が世に行きわたった時に、小林がスミス研究に力点を移し、スミスの「豊かな社会」の分析、構築論に目を配ったのは、自然であったように見える。しかし、自由主義礼賛は小林の主張ではなかった。またスミス自由主義への関心が俄かに生まれたというわけでもない。

今や、日本は高度成長後の豊かな社会にあって、自然破壊やエネルギー枯渇などの新しい問題に直面していた。小林の目が「生産力の破綻」という問題に向けられた点は新しかった。スミスはステュアートを乗り越えたのだが、生産力説批判という文脈では、そのスミス自由主義そのものを乗り越えなければならないというのが、七〇年代以降の小林の主張であった。それは「新しい保護主義」であろう。環境や自然を保護しながら、慎ましい生活を目指すというものであったように思う。(17)

現代の課題――国民的利益と国際協調

それでは小林昇が学史研究を通じて訴えた課題はすでに実現したのだろうか。過去のものとなったのであろうか。バランスのある国民経済の形成は実現したであろうか。民富はどうであろうか。今日の世界経済は国民経済を乗り越えたのだろうか。将来の地球社会はどうなっていくのだろうか。農業も、工業も、商業も重要な産業である。情報と金融が中核産業に深く浸透し、形態を複雑化・多様化したが、産業の重要性は変わらない。それぞれがインフラ部門をもちながらも、営利を通じて動いて行く限り、行きすぎ・詐欺まがいの利権漁り・利害対立は繰り返されるであろう。金融工学がグローバルな経済活動を推し進め、金融資本が犯罪的とも言うべき暴利をむさぼりつつ、世界の格差を拡大してきたことは記憶に新しい。しかし、そうした悪が無批判に許される時代ではなくなったのも事実である。国際的な公正さの合意が生まれつつある。また合意を生み出さなければならない。

地球の一角では、民富は形成された。富裕は行き渡った。近年の格差社会化で貧富の格差が広がっていることは事実であるが、福祉政策を厚くすれば対応可能である。わが国で深刻なのは国家の累積債務である。九〇〇兆円の国家債務を小林はどう考えるのだろうか（経済学の意味はなくなったという発言は、たんなる放言か、アンビヴァレントな心情の一面の表白か）。

国民経済はどうか。文化的伝統はどうか。国際化と国民文化は対立するのであろうか。国際化、世界経済、グローバリゼーションにもかかわらず、わが国などは、基本的に国民経済がある程度健全に維持されていることも確かである。これからも国民が堅実に働く限り農工商のバランスはそれなりに維持されるであろう。とは言っても、食糧の自給率が低いことは事実である。農業が自由化と競争の圧力にさらされ、空洞化の危険性に直面していることも事実である。あらゆる商品に海外の生産物が混入している。純国産などは今では天然記念物になりつつある。しかし、それはほんとうに危機的事態なのだろうか。

ハイブリッド化はつねに進む。他方で、純粋種を護る営みもなくならない。文化自体が様々な程度の純化、雑種化（異化）を繰り返して変動していく。変動には注意が必要である。人間はしばしば愚行を犯す。しかし、世界大戦はもう起こせないであろう。局地紛争はなくならないが、世界は紛争の処理にも次第に上達するであろう。様々な利害の対立がある限り、紛争は再発するし、テロも軍事行動も当分はなくならない。しかし、紛争を減らすために世界が協調・協力する時代となってきた。

世界のなかで、日本の国民経済をどうするのかという問題を考えるとき、小林経済学史はいまだ示唆を与えることができる遺産である。第三世界、第四世界は、まだ貧困を解決できていないが、小林経済学史学は民富の形成という概念によって、示唆を与えることができるはずである。エマヌエル・トッドは、識字率と出生率の二点で革命が起こるとき、民主化が起こり、当該国民は近代化を達成すると主張しているが、小林流に言い換えれば、製造業が農業生産力を高めるとき、民富が生まれ、識字率も出生率も改善されるとなるであろう。

これからの世界経済はどうなるのだろうか。先端産業は世界資本主義の範囲で有利な立地を求めて遷移していくであろう。金融の中心地はどうか。アムステルダムからロンドン、そしてニューヨークへと中心は移動してきた。グローバリゼーションは金融と情報の世界で凄まじい展開を見せている。もの作りもまた遷移していく。メジャーな企業は業種を問わず国際化を進めている。コストと労働力の質、リスクが企業の拠点を決定する。とすれば、国民経済は次第に空洞化あるいは解体するのか。

経済も社会も変動し、変容、変貌せざるをえない。やむをえざる趨勢というものがある。世界のなかでの日本、国民的リゴリズム、独善ではなく、国際協調という視点で考えることが必要である。資本の回転と安全、国内の雇用への貢献を考えると企業は国内にとどまるべきであるというのが、アダム・スミスの主張であった。それは基本的に今日でも妥当するであろう。しかし、国際協調を重視するという観点に立てば、海外での雇用と民富の形成に寄与していけない理由はない。ナショナリズムかグローバリズムか。

日本を軸に問題を考えるとすれば、今、明確にすべきは、小林が追求した農工商のバランスある発展を実現した正常国民を追求すべきなのか、それとも国際化・グローバル化のなかで限りなく協調しつつ、諸外国と共存をはかっていくべきかである。選択肢のどちらを選ぶべきかである。この問いには単純には答えられないであろう。回答は両方の理念のバランスに求めるべきであろう。国民経済のバランスを追求しつつ、しかし同時に国際協調、自由貿易も目指すという二重性を堅持することである。

この二つは明らかに矛盾し、両立しがたい。しかし、それ以外に正解はないであろう。社会は絶えざる変動の過程にある。安定が長期間続くことは例外である。変動を容認しつつ、できるだけ平和で繁栄した社会を維持することが求められている。排外主義にならず、閉鎖的にならず、開放的で、自由な社会を維持すること、そして伝統文化も継承し発展させること、しかしコスモポリタンな政治観と人間観も育成すること、こうした課題に直面しているのではないかと思われる。

6　小林学史を継承するとはどういうことか

小林昇の教養

小林昇の教養はどのようなものだったのだろうか。ギリシア・ローマの古典を楽しまれたのか。近代の古典はどうか。文学はどうか。近代自然法思想家や哲学者の著作を愛読されたのか。

カント、ルソー、ロック、デカルト、スピノザ、マキァヴェッリ、モンテスキューなどは小林の愛読書であっただろうか。スミスの『道徳感情論』（初版一七五九年）をよく読まれたことは疑いない。だからヒュームについて、経済論以外にはあまり関心がなかったとも思えない。講座派・労農派の日本資本主義論争やウェーバーは小林に大きな影響を与えたであろう。こうしたことの多くは圧倒的な経済学史の業績によって隠されている。

実は、豊饒な読書によって西洋と西欧を自分で理解しようとした人が小林昇である。その前提に日本の文化と歴史への限りなく深く広い理解がある。小林昇はまことに博読の人である。日本文学の造詣は広く深い。西洋の近代の古典、カント、ヒューム、スミス、マルクス、ウェーバーなどの理解もまた深い。専門家として小林昇は国粋派ではなく西欧派であった。けれども西欧への熱狂はない。経済学の役目についても意外に懐疑的である。(18) しかしながら、小林はアララギの影響を受けた、ある種ロマン主義的な歌人であった。社会科学者であることと歌人であることは小林のなかで、どうバランスしていたのか。

内田義彦

丸山真男でさえマルクス・ボーイであった時代がある。それに対して小林昇はマルクス・ボーイであったことがない。その点、マルクス・ボーイだった内田義彦や水田洋との違いは大きい。日本ファシズムとの直面を強いられたこの世代の時代経験を考えると、小林昇は伝統の継承が厚かったのか、マルクス主義へのコミットメントは無ではないとしても深くなかった。もとより、講座派との繋がりは内田義彦の場合、濃密である。山田盛太郎から大塚久雄へのラインの先に内田は立つ。

小林も大塚の影響を受けているが、その継承はきわめて限定的であって、小林が継承したのは、あえて単純化すれば、前期的資本という概念と国民経済の枠組みである。水田はいっそう距離を置いている。大塚史学との関係では内田、小林、水田の順に希薄になっていく。ウェーバーのエートス概念は大塚、丸山、内田をとらえたが、小林、水田は拒否した。

内田の教養は、マルクス主義とウェーバー、そして民主主義にあった。マキァヴェッリ、ホッブズ、スミス、ルソーも内田の精神に深く入っている。戦後民主主義を舞台として活躍した戦後派知識人と交流しながら、表舞台で活躍したのが内田義彦である。大塚久雄、丸山真男、川島武宜、木下順二――岩波知識人――などが内田のクライスを形成し、内田の周辺には熱烈な弟子たちがいた。内田がかわいがった後輩や弟子は、平田清明、吉澤芳樹、羽鳥卓也、田添京二、住谷一彦、山崎怜、そして平田の弟子の山田悦夫、野沢敏治などである。大野英二、田中真晴、平井俊彦などの京大の教授もまたその影響を受けていた。

内田にはまた市民社会（社会人）のなかに信奉者が多数いた。そうした社会人向けの文章を多数内田は書いている。内田は未来社からデビューし（上昇転化？して）岩波知識人となったが、小林は未来社から本を出し続けた。リストの翻訳だけは別である。内田は翻訳をしなかった。

小林も、水田も多数の翻訳をしている。また小林の信奉者は圧倒的に学者である。

歌人小林昇

小林には珠玉のエッセイ集があり、こちらにはそれなりに多くの読者がある。『私のなかのヴェトナム』（一九六八年）、『帰還兵の散歩』（一九八四年）、『山からの街』（二〇〇二年）などである。では夢やロマンはどうなったのか。歌人小林の世界がある。『歌集　越南悲歌』（一九五三年）、『歌集　シュワーベンの休暇』（一九六六年）、『歌集　百敗』（一九九二年）などであり、それらは『小林昇全歌集　歴世』（二〇〇六年）に集成された。小林は二つの価値の世界を使い分けたように思える。和歌は古典文芸へと導く。小林の日本古典の理解も想像以上に広く深いように思われる。情動の介入を禁じたリアルな現実認識の世界＝学問と感情・情動が解放される世界＝和歌。昭和歌壇に燦然と輝くのは歌人小林昇の『歴世』であり、しかも小林の作品で最も後世まで読まれるのは経済学史上の著作ではなく、歌集であるとの見解がある。だとすれば、それは小林にとって本懐であろうか。

学問的禁欲ということ

小林はマルクス、ケインズ、ハイエク、リスト、ステュアート、スミスを読んで概念を鍛え、二次文献も豊富に参照しながら、マン、ダヴナント、ハリス、ヴァンダリント、タッカー、ステュアートなどの、経済学史上の多くの人物の、読まれないパンフレットと体系を掘り起こし、前人未到の専門的な仕事をしてきた。その成果は一一巻の著作集となっているが、著作集に収録されていない論考もまた膨大である。倦むことなく研究に精進した結果として生まれた小林経済学史は、経済学者としての小林の、屹立した、他を寄せ付けない一種禁欲的な世界である。

ウェーバーが学者に必要な要件として学問的禁欲を説いたことはよく知られているであろう。専門的貪欲もまた必要であるが、それは異分野への関心の断念によってしか可能にならない。それが禁欲の意味であった。論壇に登場するのでなく、戦後啓蒙の旗手となることがなかった小林の学問は、専門に拘り続けた一種、職人的な学問であった。アレントは脆弱な、壊れものとしての人間の生を支える、永続性をもった作品を生み出す営為を「仕事」Workと呼んで、その価値を強調したが、小林経済学史はまさにアレントの言う「仕事」として永続性を誇っているように思われる。しかし、それでもやがて小林経済学史もまた色褪せ、読まれなくなるときが来るかもしれない[19]。

いずれにせよ、経済学史家は小林昇経済学史を継承し、それを乗り越えていく学問的使命を負っている。小林昇が読んだものを検証し、読まなかったもの、読めなかったものを読み広げ、思想史のコンテクストをいっそう掘り下げ解明すること、そしてその意義についても考察を深めること、そうすることを通じて、現在の世界の課題を再検討し、現在の理解にフィードバックすること、それがリアリズムに立った理論的歴史的研究としての経済学史である。

参考・主要著作

一九四三年『フリードリヒ・リスト序説』伊藤書店
一九四八年『フリードリヒ・リストの生産力理論』東洋経済新報社
一九五〇年『フリードリヒ・リスト研究』日本評論社
一九五二年『重商主義の経済理論』東洋経済新報社
一九五五年『重商主義解体期の研究』未来社
一九五七年『経済学史研究序説――スミスとリスト』未来社
一九六五年『原始蓄積期の経済諸理論』未来社
一九六六年『フリードリヒ・リスト論考』未来社
一九七三年『国富論体系の成立』未来社
一九九四年『最初の経済学体系』名古屋大学出版会

注

（1）本章は、経済学史学会関西部会（二〇一一年七月二三日、龍谷大学）でのシンポジウム「小林昇先生の遺産から何を学ぶか」の報告「小林昇先生の学史研究の根底にあるもの――イギリスを中心にして」に修正を加えたものである。標題も変更した。他の報告は原田哲史「小林昇先生のリスト研究と現代の視点、そしてこれから」、および米田昇平「小林昇先生の経済学史研究とフランス経済学史」であり、筆者は冒頭の問題提起を行なったのち、二報告の後に報告をした。なお、このシンポジウムの後に、竹本洋・服部正治編『回想 小林昇』（日本経済評論社、二〇一一年一二月）、および『立教経済学研究 特集・小林昇経済学史をいかに受け継ぐのか』（二〇一一年一〇月）が出ている。本来ならそれらを参照して、また『小林昇経済学史著作集』（一九七六－一九八九年、全一一巻）なども紐解いて、本章に加筆修正を加えるべきであるが、今回は諸般の事情で断念した。
（2）経済学史家に誰を入れ、誰を入れないかについては、議論の余地がある。
（3）伊東は学史家を超えた経済学者であるが、とりわけケインズについて見事な学史研究があることは周知のとおりである。『ケインズ——新しい経済学の誕生』（岩波新書、一九六二年）、『現代に生きるケインズ——モラル・サイエンスとしての経済理論』（岩波新書、二〇〇六年）など。
（4）小規模ながら渡辺輝男や高橋誠一郎の学史著作集も出ている。
（5）以下の部分は、水田洋教授の指摘を受けて、大幅に書きなおした。
（6）『京都大学経済学部八十年史』一九九九年、一六ページ。
（7）この点は杉山忠平との共著『西洋から西欧へ』日本経済評論社、一九八七年、一二八−一四四ページに分かりやすく論じられている。
（8）このように言うと反論も予想されるが、国民経済を形成する近代が支持されているのは明らかである。社会の底辺まで富裕（民富）が行き渡り、農工商のバランスが取れた国民国家は戦時経済を経験した小林昇の支持するモデルあるいは理想であった。しかし、近代は多くの国で歪んだ国民経済しか形成できなかったから、その意味では近代が無批判に支持されているわけではないことは言うまでもない。
（9）自身では研究せず、他の後進の研究者に委ねたという意味である。
（10）「私の在学中の東大経済学部は、日中戦争の進展につれて、教授間のあらわな闘争と、深厚であるべき学問研究の軽視と、ひいては諸ゼミナール相互の交流の消滅とが拡がり、私の学問的生涯にとって最も不幸な時期であった。」そのなかで『資本論』、日本資本主義論争（特に山田盛太郎『日本資本主義分析』）、ヘーゲル『歴史哲学』、スミス『国富論』、リカードの主著を自力で勉強した、と小林は語っている。『経済学史春秋』未来社、二〇〇一年、一九三ページ。
（11）『経済学史春秋』一四五ページ。
（12）『西洋から西欧へ』六六−六七ページ。本書での小林の「発言に限っていえば、周到さを欠いているという点で我ながら十分な責任を持てないという気がする。わたくしの学問と「思想」（の一端）とについては、やはりわたくしの著作に即して理解していただきたい」と「あとがき」で明記されている（二三三ページ）。

にもかかわらず、筆者は本書で小林は素直に本音を語っていると受け取れる面があると思っている。

(13)『同上』六六‐六九ページ。

(14) 前掲『西洋から西欧へ』二一二ページ。

(15) マルクスの理想ということに触れて、小林はこう述べている。「社会主義諸国ではマルクスの理想を掲げたけれども、理想というものは、やっぱり現実には非常に行われにくいということを歴史的体験として我々は知るに至っているから、マルクスの思想を非常に尊重するとしても、あれもまた一種の空想的社会主義として、そういう意味で尊重しておくべきだろうというふうに思うんですね。」『西洋から西欧へ』六二ページ。

(16) これが小林昇は重商主義にどう決着をつけたのかという佐々木武教授の問いへの筆者の解答である。

(17)「マイナス成長のすすめ」は過剰な反応を引き起こしたというのが、小林の後の反省であった。決して嘘を書いたというのではないが、真意が伝わらなかったという。『西洋から西欧へ』、二二六‐七、二二二‐五ページ。「あれを正面きった論文として書いたのなら別ですけれど、玉野井芳郎君の場合と違って、あれは一種のアレゴリー的散文詩みたいなものでね、あれに書いてあることが実現できるかどうかというような問題とは違う次元で書いたものなんです。」(二二七ページ)

(18)「経済学が……イギリスのナショナリティーのようなものを持っていて、そのためにこの学問をほかの国でどれだけ役に立て得たかということは、ぼくにはかなり問題だと思われます。ケインズが出てから恐慌を回避するという政策技術が開発されたために、そういう点では、一面で資源の浪費やインフレーションを伴いながらもかなりの効果を持っているわけですが、そのほかの点で、イギリス以外の国が、経済学というものから本当にどれだけ恩恵をこうむったかということを考えてみると疑問ですね。」『西洋から西欧へ』、六〇‐六一ページ。フォーブズがヒューム、スミス、ミラーの思想を「懐疑的ウィッグ主義」と名付けたことにちなんで、筆者は小林昇を「懐疑的経済学者」と名付けたい思いに駆られる。

(19) 小林は終末論的に経済学の消滅を語っている。「経済学というのは法学の中からできた学問ですね。アダム・スミスの場合もそうだったけれども、ジェイムズ・ステュアートなんかはモンテスキューのなかから出てきたといってもいいでしょう。そうして今後のある時期になれば、法学は続くけれども経済学はそろそろ店じまいするというようなことになるんじゃないかという感じがしているんです。」『西洋から西欧へ』二二三ページ。

第二章　内田義彦とイギリス思想史研究

はじめに

「内田義彦の思想と学問」を共通テーマとするこの催し（経済学史学会関西部会シンポジウム）における、私の役割は「内田義彦とイギリス思想史研究」というクロスする座標軸において内田義彦の仕事を振り返ってみることである。内田義彦はこの学会の巨匠であった。内田義彦はこの学会の大部分の会員にとって直面しなければならない課題であったと思われる。内田義彦体験をそれぞれの会員がそれぞれにもっているものと思われる。私はもとより内田義彦の研究を行なっているものではないし、一人の読者にすぎない。そして特別に開陳するに値する意見をもっているわけではない。したがって、与えられたテーマについて以下に行なう報告の意図は、参会者各自の内田義彦体験を振り返る切っ掛けとなり、参会者各自にとって内田義彦の思想と学問がいかに受けとめられてきたか、そしてそれはいかに継承されるべきかについて、率直な意見を交換する呼び水（挑発者？）となることである。私はこの学会の先輩、同世代、若い世代のなかに傾聴に値する様々な見解があると思う。

1　内田義彦への道

スミス研究とマルクス研究という二つの中心（河上肇研究をもう一つの中心とする見方もある）をもつ内田義彦の経済学史・社会思想史研究は、（戦前）戦後日本の社会と文化そして精神のありようへの強い関心、鋭い批判意識と結びついて豊かな著作を生み出した。

昭和二〇年代前半生まれの世代にとっては、内田義彦はまずもって『経済学の生誕』（一九五三年、増補版一九六二年）の著者であると同時に『資本論の世界』（一九六六年）の著者であった（手もとの『資本論の世界』の表紙裏には、昭和四二年四月二八日読了と記入している。大学に入学して直後に読んだ一冊が本書であったようである）。経済学史の著作としては異例の、文芸批評風の文体・語り口調――文は人なり――によって、スミス経済学の形成をなまなましく描いた『経済学の生誕』は、六〇年代の後半――この時期は初期マルクス研究の爆発的流行に始まるマルクス・ルネサンスの時期であるとともに、宇野理論が急速に普及する時期であり、また大塚史学の全盛の継続期で、ウェーバー研究も非常に盛んであった。したがって「市民社会論」も流行した――に出版された『資本論の世界』のポジティヴなマルクス解釈に補強されて、生産力の体系としての「市民社会」の概念を手掛かりに、スミス経済学とマルクス経済学の共通面を、その差異とともに浮き上がらせた。市民社会の確立のために前期的勢力と闘うスミス。市民社会のポジティヴな評価にたって、なおかつその資本主義的形態－生産諸関係を克服すべきとし、それと闘うマルクス。この二つの像は、二重写しとなって脳裏に焼き付いた。この二つの著作が、内在的なテキスト研究によって、十分に独自に消化しきって書かれた著作であることを理解するには、さしたる努力を必要としなかった。

しかし、内田義彦の著作が日本社会の現在と将来を見据え、過去から現在に至る歴史過程の批判的分析を踏まえて、現在何が問題なのかを追究する作業の一環として書かれていることを深く認識するためには、上の二冊を漫然と読むだけでは不足であった。そのためには、『潮流』などに戦後直後にしばしば匿名で書かれた初期論説を読むことが是非必要であった。青焼きで回ってきた山﨑怜作成の「著作目録」が非常に役に立った。

2　内田義彦を養ったもの

今では『内田義彦著作集第一〇巻』によって体系的に、クロノロジカルに読むことのできる初期著作は、経済学史家、というより戦後知識人――戦後啓蒙（杉山光信）――の旗手の一人としての内田義彦の出発点を明確に教えている。初期の内田はすこぶる講座派的である。もちろん講座派自体にニュアンスがあった。注目すべきことに、内田義彦は講座派最高の達成と目された山田盛太郎の『日本資本主義分析』を高く評価したが、山田のブルジョア合理主義的論議を、急進的立場から批判もした。盲従はしなかった。

「氏が日本農業に啓示したこの革命――小作関係を解消して小農範疇を打ち出し、これに技術を与えて経営を拡大せしめ、資本制農業を打ち出そうという――は、その表現の様式においてもはなはだ農林省的であって、ケネー時代の小ブル農民の要求に応えることはあっても、今日の革命の主体たる日本のプロレタリアート貧農を起たしめるものではなさそうである」（著作集一〇、一七〇－一ページ）。（「市場の理論」と「地代範疇」、一九四九年六月）

ただし、ここでの内田がレーニンの立場に自己をアイデンティファイし、「労農同盟によるブル・デモ革命」（一七三ページ）を展望しようとしていることは、意味深長であるし、複雑な気持ちを抑えがたい。

山田が絶対的権威でなかったように、大塚久雄もまたそうであった。内田は大塚による「前期的資本」と「産業資本」の峻別に決定的な意義を認め、産業資本の生産力的性格の認識を高く評価したが、同時に、大塚がアメリカ型の発展をイギリスにおいて実証したように――イギリスがアメリカ型とは奇妙でないか――、プロシャ型の発展を「法則」的に展開すべきであること、大塚のエートス論が価値論から遊離し、マルクスはおろかスミスからさえ後退していることを批判した（一〇七－八ページ）。

「スミスにおいても下層および中産階級と上流階級との「利己心」が倫理的性格の有無

によって「峻別」され（アメリカ型とプロシャ型との対比！）、生産的倫理の故に下層階級の利己心にのみ近代社会の形成の原理が認められているが、それは何よりも「正義＝等価関係の維持」と結びついて考えられている。すなわち、下層階級の間では、等価関係の維持が強制的に働いて、利己心の発揮を生産的なエトスに結びつけ、ここにマニュファクチュア的分業等が行なわれてくるという関係が見られる。さらにマルクスにおいては、絶対的剰余価値の生産から相対的剰余価値の生産への移行は労働者の運動（等価関係！の維持）と明白に結びつけられている。しかるに教授にあっては正常的発展の場合、生産的倫理は価値論から切りはなされ、資本家階級の生産倫理、労働階級の生産倫理として、労使相共にいそしむ関係におかれている。」（「大塚久雄教授『近代資本主義の系譜』」、一九四七年七月）

この引用文は多くのことを物語っている。スミスが下層階級の利己心に近代社会の形成原理を認めたという理解は大河内一男の解釈の踏襲であること。マルクスにおいては、絶対的剰余価値の生産から相対的剰余価値の生産への移行は労働者の運動と結びつけられているという論点は、やがて『資本論の世界』が説得的に敷衍する重要な論点となる。そして末尾の労使一体把握批判も、文字通り時代の制約を感じざるをえないものだが、今日ではそっくりそのままこれを踏襲しようという人は少ないであろう。内田義彦は、このように戦闘的であった。

一九四八年一月に「価値法則の実現」を論じて、大河内の社会政策からする労働力保全の要求を好意的にふりかえるとともに、風早八十二の階級闘争によってしか労働力の価値通りの売買は実現できないという、より政治的な主張を好意的に紹介した内田はこう書いている。「労働者を先頭」にする「国民経済の真に生産力的な展開」と「革命の平和的進行」とが実現しつつある、と(「戦時経済学の矛盾的展開と経済理論」一〇、一一八ページ)。ブルジョア民主主義革命の客観的情勢は成熟しているというのである。

こうして、内田義彦は二七テーゼ、三二テーゼに触発され、日本資本主義発達史講座とマルクス、レーニンそしてスミスに深く影響され養われた戦後派知識人として、戦後間もない時期に登場したのであったが、内田義彦を養ったのはこれがすべてでない。また内田はこのような時論家に終始したのでもない。いかに犀利とはいえ、時論は政治的パンフレットを越えるものではない。パンフレッティアに終始するには内田は多くのものをすでに身につけ過ぎていた。すなわち、よく知られているように、武谷・星野の技術論、木下順二、山本安英との交流からの演劇、丸山真男との関係での日本思想史の諸問題、そしてベートーヴェンを始めとするクラシック音楽もまた内田義彦を豊かに養った。ドラマトゥルギーへの関心とドイツ音楽への心酔は、内田義彦というパースナリティーにおけるデモーニッシュなものを物語っているであろう。

リジッドな講座派理論青年の内田義彦は、「手紙のローザ・ルクセンブルグ」に示されたような評論家的表現力を備えていた。直感の鋭利、分析の的確、思考の強靭、そして文章の華麗、こうした力量を備えた内田義彦の処女作が名著『経済学の生誕』として実現したのは、「生誕まで」の内田の歩みを辿るものには、理解可能である。

しかし、内田におけるデモーニッシュなものは暫くおいて、戦後という時代に、スミスとマルクスを繋ぐ労働価値論——生産力論と一体となった——を市民社会の形成原理として提示するという営みは、荒廃から立直って、高度成長＝エコノミック・アニマルを実現していく日本資本主義のダイナミズムに対して、どこまで有効であっただろうか。農地解放→小農・自作農創設という方向に始まった戦後の農政は、資本主義的農業への発展を導いたとは言えないにしても、食糧と労働力の供給拠点として高度成長を支えることになっていったのであって、農林省的発想はむしろ根を下ろしていった。それに対して、逆に、資本主義に対する批判的論議としてのマルクス主義は没落していった。

戦後啓蒙の課題がマテリアリズムによって押し流される思想風土のなかで、そしてまた専門化・分化がいよいよ激化し、様々な学問分野間でのディスコミュニケーションが顕在化するなかで、内田義彦が見つめたものは、日常的意識の批判的捉え直し——市民社会の確立——以外ではありえなかった。

「生産力の解放と市民的自由をどう結びつけるかは、単に歴史的な問題ではなく現代の問題であり、それも体制を越えて社会主義における問題ですらあり——社会主義における市民社会という発想、逆にいえば、市民社会の発展の系列における社会主義という発想を考えよ——、そうした問題を、人間と自然との代謝過程の分析を通じて照射することは、今日の経済学に課せられた大きな学問的課題である。」(「アダム・スミスと日本の思想的状況」一九六五年、著作集五―二二一ページ)

こうした主張を介して、やがて、〈自前の概念〉による社会認識、〈日常語〉から科学への通路をいかにして確立するかという問題――社会科学の方法にまつわる問題――が内田義彦の関心の中心を占めるようになっていくのは、必然のように思われる。

『資本論の世界』(一九六六年)、『日本資本主義の思想像』(一九六七年)、『社会認識の歩み』(一九七一年)、『読むということ――内田義彦対談集』(一九七一年)、『学問への散策』(一九七四年)、『作品としての社会科学』(一九八一年)、『読書と社会科学』(一九八五年)。こうした内田義彦の作品は、自前の社会認識、社会科学はいかにして可能かを摸索した努力として理解できよう。内田義彦は経済学史を素人学問に堕落させたという批評もこうして生まれることになる。それが当たっていようといまいと、いずれにせよ内田義彦は、経済学史の専門家に向けて、著述しなかった。国民の社会科学的認識を次第に強調するようになっていった内田義彦は、そもそも、読者として、専門の垣根をとっぱらって、それぞれの持ち場で、変革の努力を行なっている国民を念頭におくことが多かった。したがって、作品としては専門書と啓蒙書という区別を否定する作品を目指した。内田義彦は学界を越えた戦後啓蒙の思想家であった。

3　内田義彦とイギリス思想史研究

「内田義彦とイギリス思想史研究」というこの問題設定は多義的である。（一）内田義彦にとってイギリス思想史研究はどのようなものであったのか、そしてそれは彼の学問の展開のなかでいかなる位置と比重を占めるのか。（二）内田義彦は従来のイギリス思想史研究の蓄積をいかに利用したか、その継承と批判の実態を問題にすることもできる。（三）内田義彦が行なったイギリス思想史研究は、戦後のわが国におけるイギリス思想史研究のなかで、いかに独自であったか、と問うてもよい。（四）そして現在と将来のイギリス思想史研究にとって、内田義彦の仕事をいかに継承すべきか、またできるか。大略こういった問題に区分することができよう。しかし、この問題設定自体は、私がたまたまイギリス思想史を専攻しているということから選び出されたものに過ぎず、問題設定として、内田義彦の本質に迫る手段としては十分ではないという印象を否定できない。

（一）内田義彦にとってイギリス思想史研究は日本研究――内田が日本研究において学んだのはとりわけ丸山真男であったように思われる（内田は日本の政治文化の研究における柳田国男、神島二郎等の研究に無関心であった）――への迂回的手段であった。内田義彦は日本における「市民社会」――独立した市民が主体的に構成する民主的な社会――の確立の方途の追求が自らの生涯のテーマであるかのようにつねに語ってきたし、それには偽りはなかったと思われる。そのような使命を与えられたイギリス思想史研究はスミス中心につかまれた。ホッブズ以来の経験論の伝統のなかから、価値論と再生産論という市民社会の物質的基礎過程の認識用具を編みだしたスミスの自然法思想→経済学が抽出されたことによって、そしてスミスの学問成果が（リカードを介して）マルクスに批判的に継承されるというパースペクティヴにおかれることによって、イギリス思想史研究は内田義彦にとって、マルクスに継ぐ地位を与えられた。もっとも、内田義彦の学問の展開は、初期には（少なくとも表立っては）マルクスとレーニンが最高の権威とされていたところから、次第に力点をスミスとマルクスへ移してきたように見えるし、スミスとマルクスの相対的評価も、次第にスミスがマルクスに肩を並べる方向に上昇したように思われる。独立した市民の形成する民主主義的な社会を内田義彦はつねに理念として語っているが、それは西欧、とりわけイギリスに結びつけられている。

（二）内田義彦は研究史を重視する学史家ではなかった（構造主義、経済人類学その他の新潮流にも関心を示さなかったが、それはなぜであろうか）。『経済学の生誕』は比較的に専門的研究文献を多く利用している方の著作であるが、その利用の仕方はバランスのとれたものではない。研究史をバランスよくサーヴェイして、文献的基礎を固めて手堅い論証を積み重ねるということは、行なわれていない。おそらく『生誕』執筆時点においては、今日のようにふんだんに研究文献があるわけでもなければ、戦中・戦後の情報ギャップ——洋書の輸入困難——が、研究を大きく制約したであろう。しかしながら、そうした制約にあまり煩わされずに、（水田洋が指摘するように）少数の二次文献を巧みに利用しつつ、内田義彦はスミスの著作を熟読し、大胆な仮説を提示して、斬新で生き生きした新しいスミス研究を樹立した。生気に満ちた、躍動感のみなぎる散文によって旧帝国主義に死刑宣告するラディカルな、力強いスミス、懐の深い強靭な理論家スミスが描き出された。そのスミスはルソーの文明批判を十分に受けとめて優れた生産力認識に立って説得的な反論を展開したのだとされた。

内田義彦のスミス研究は独創的な業績である。その独創はテクストを鋭く読む、いわば勘の冴えに支えられたものである。だとすればイソテリック（秘教的）なこの手法の継承は容易でない。思想史上の文献を読むさいの勘を鍛えること、そういう修練が可能として、それ以外に方法はないであろう。加えて、他人に真似のできない優れた文体によってこの独創的業績は支えられている。たんたんと語られてはいるが、日本語の散文としては幾分過剰なレトリックが駆使され、刺激的な論議が、迫力を伴って展開される。『生誕』前編はクラシック音楽のようにドラマティックである。劇的効果が狙い通りに実現されている。

一八世紀のイギリス。ヨーロッパの覇権と植民地支配権を争った旧帝国主義戦争としての英仏七年戦争に集約された文明社会の危機。アンシァン・レジームを克服しつつあったイギリスが勝利し、克服できなかったフランスが敗北する。こういう背景のなかでフランスに旧体制を批判するルソーやディドロのような新しい思想家が登場し、スコットランドの哲学者スミスは深い関心を示す。文明の危機を克服する理論の摸索がこうして始まる。ヒュームとスミス。ルソーとスミス。そしてブルジョア・ラディカルとしてのスミスの経済学が成立する。『生誕』後編は同じようには言えない。ここでも独創性は語ることができるかもしれないが、もはやドラマはない。後編はマルクスに引照した純然たる学史的分析が展開されているが、しかし中断で終わっている。

（三）内田義彦のスミス研究が戦時下に結実した大河内・高島の生産力論としてのスミス研究を継承するものであることは、よく知られている。しかし、今述べたように、内田義彦のスミス研究はきわめて独自なものであった。スミスとルソーの関係についての着眼の、独創性と先駆性——欧米では今日ようやくにして本格的な検討の論点となっている（後の注を参照）——は高く評価されるべきものである。しかし、スミスを除けば、内田義彦のイギリス思想史研究は、多くの示唆的な発言と啓発はあるけれども、少なくとも専門の学としては特別の大きな実りをもたらしたようには思えない。戦後のわが国のイギリス思想史研究のなかで独自であったのは内田義彦の場合はスミス研究である。それはそういうものとしては、水田洋のホッブズ研究、小林昇のタッカー、ステュアート研究などとともに国際的水準の業績であるといっても過言でない。しかし、水田、小林がそれぞれの通史的展望を幾多の一次文献のクロノロジカルな分析を通して獲得し、実際その通史——historiography——においても独創的であったのに比して、内田義彦の場合、スミスの前後は弱い光で照らしているにすぎない——『経済学史講義』(一九六一年)は通史への道を試みたものであったが、不十分に終わっている。そしてまた『生誕』は、ヒュームの評価、スミスの生産力認識と階級的地盤の認定という点で疑問の余地を残している。にもかかわらず、『生誕』は書物として、パフォーマンスとして圧倒的な名著であり、研究として以上に評伝として後世まで読み継がれる可能性をもっている。「……『生誕』だけがアダム・スミスの思想的・学問的立体像を十分な迫力で描き切ったブリリアントな業績であ」る(小林昇)。

『社会認識の歩み』はイギリス思想史に帰属するというより、むしろ近代ヨーロッパ思想史入門なのであるが、思想史の読み方を手ほどきする内田義彦の力量は抜群である。素材的には水田洋がつとに手がけたものという印象のある作品であるが、内田の手によって古典的文献が見事に面白い作品としての姿を見せるのである。目から鱗が落ちたのは私一人ではないであろう。これはまさに内田義彦の独創的な手法である。それは内田義彦の思想史の方法なのであって、すでに『生誕』で効能は試し済みであり、『歩み』以降にも駆使されるであろう。〈読む〉という言葉はアルチュセールに先立って内田義彦のキー・ワードである。

4　批判と継承

『生誕』は初版以来四〇年近くの間、わが国のスミス研究のモノグラフとして頂点に君臨してきた。これは稀有なことである。だとすれば、この間の四〇年のスミス研究は何だったのか。しかし、実はこの四〇年間、スミス研究者も個々に研究を推進してきたし、イギリス思想史研究も長足の進歩を遂げた。にもかかわらず、そうした印象があるのは、そうした研究成果を統合したジン・テーゼ（総合）が未提出だからである。イギリス思想史についても日本人の手になる新しい広い展望を与えるhistoriographyが待望される。

内田スミス論に対する最も手強い批判は小林昇から提出された。そして内田－小林論争は、二人の巨匠のそれぞれの研纂によって、小林昇経済学史学と内田義彦思想史学の体系をもたらした。しかしスミスとステュアートの対立が抽象的であったのとは別の意味で、内田－小林論争は抽象的であった。大塚史学にルーツの一つをもつ二人の巨匠の学問は、決定的に問題意識と手法を異にした。「日本に市民社会を」という内田義彦の問題意識に対して、小林は経済学者の専門的禁欲に投じた。経済学の形成時代の解明、後進国の経済学の宿命の解明によって小林昇が追求したのは国民大衆の安定した生計を可能にする国民経済のありよう、ザインとゾレンであった。理論－思想のフィードバックと理論－政策－歴史の総合的解明。Canonの徹底的な読みと広範な一次文献の読破および二次文献の批判的利用。小林は、とりわけステュアートとタッカーと重商主義パンフレッティア達の経済論争を洗い出すことによって、スミス経済学の学史的・相対的地位を明確化するとともに、『国富論』自体の内容も深く究明したのだが、こうした実証的な小林昇の業績は、ついに内田義彦の顧みるものとはならなかった。その意味で内田の最大の批判者は孤独であったように見える。

（四）ではイギリス思想史研究において内田義彦の研究業績をいかに継承するべきか、またできるか。能力の問題は別として、テクストをとことんまで徹底して読み、考え抜き、納得できるまで文章に推敲を重ねるということは、重要な教訓である。コネ型人間を嫌悪した内田義彦はパーリア力作型の作風も否定したのであるが、そのことは暫くおいて、内田義彦の作品が（全てではないが）面白いこと、啓発的であることは異例に属する。解説を拒否し、作品としてのコスモスを論説に追求したあくことのない貪欲、そしてまたある種の傲慢をいかに真似ることができるか。それをできるかぎり文献研究を広げることによって、客観的な実証の基礎に強固に立たしめて行なうこと、それが内田を継ぐ者のノルムではないだろうか。

そして付言しなければならないことは——説明も論証も容易ではないが——、ポーコックの『マキァヴェリアン・モーメント』（一九七五年）の衝撃によって飛躍的に進んだ欧米の「共和主義思想史」研究と「シヴィック・ヒューマニスト・パラダイム」論が、本質的な点で内田義彦の市民社会論と通底する、あるいは共鳴するように思われることである。シヴィック・パラダイムの影響を受けたイグナティエフは、スミスとルソーの思想の交差を問題にしたが、彼の論議の展開は『生誕』を手本にしたかのようでさえある。

談合というコネ社会の意思決定を批判し、独立した個人＝市民の主体的な決断による民主的な社会（→市民社会）の形成をうむことなく説いた内田義彦の情熱は、消極的自由の政治的パラダイムと重なるのではない。もっと積極的な政治、社会、文化形成へのコミットメントを志向するものであったであろう。

この内田市民社会論とシヴィック・ヒューマニズムの関連（まったく同じと主張するつもりはもとよりない）について、もっと立ち入った詳細な論議ができれば生産的であったことであろうが、その点について詰めた論議をする準備は今のところ私にはないのが残念である。その昔、羽仁五郎の『ミケランジェロ』を読んで引き付けられたときの印象は鮮明であるが、市民ミケランジェロの像は内田義彦の市民像とどこか重なるところがあるという余韻がいまも私の記憶のなかにある。

注

R. A. Leigh. "Rousseau and the Scottish Enlightenment", *Contributions to Political Economy*, Vol. 5. March 1986.

Michael Ignatieff, "The Market and Republic: Smith and Rousseau", *The Needs of Strangers*, Chap. 4. Penguin Books, 1986.(Chatto & Windus,1984).

Do., "Smith, Rousseau and the Republic of Needs", *Scotland and Europe, 1200-1850*, ed. by T.C. Smout, Edinburgh, n.d. (1986).

田中秀夫「スコットランド啓蒙におけるルソー」上、下、『甲南経済学論集』第二八巻第二号、第三号、一九八七年、九月、一二月。（その後、大幅加筆して、田中秀夫『スコットランド啓蒙思想史研究』、名古屋大学出版会、一九九一年に収録）

参考文献とキー・ワード

『経済学の生誕』（一九五三年）
イギリス市民社会形成史　歴史の科学としての古典経済学　「文明社会の危機」意識　旧帝国主義戦争としての英仏七年戦争　ウィッグ的全体主義　時論と理論　作用原因と目的原因　富概念のコペルニクス的転回　旧帝国主義批判としての『国富論』　p・・・pフォーミュラ　物質代謝過程　権威の原理と功利の原理の両面批判
『経済学史講義』（一九六一年）
主体的自然法の論理　客体的自然法の論理
『資本論の世界』（一九六六年）
疎外と開発　自然と人間の物質代謝過程　ポジ・ネガ・ポジの手法
『日本資本主義の思想像』（一九六七年）
市民社会青年　コネ型と力作型　純粋力作型とパーリア力作型
『社会認識の歩み』（一九七一年）
断片を読む　挙証責任の転換　個体発生と系統発生
『学問への散策』（一九七四年）
読みの構造
『作品としての社会科学』（一九八一年）
視座　澄んだ眼と曇った眼　人文学としての経済学
『読書と社会科学』（一九八五年）
本で「モノ」を読む　自前の概念装置

追記

本章は一九九〇年五月二六日に関西大学で行なわれた経済学史学会の関西部会大会の報告で

あり、私は概ね、原稿を読むという形で報告を行なった。それは「内田義彦の思想と学問」を共通テーマとしたシンポジウムであって、安藤隆穂（「内田義彦の近代フランス」）、山田鋭夫（「マルクス主義と内田義彦」）と私とが報告をした。その企画を立案したのは大田一廣であった。その要旨は『経済学史年報』第二八号にある（一九九〇年一一月、一三一－二ページ）。その後、私はこの報告に加筆して、いずれ公表したいという気持ちをもっていたが、今日まで加筆する機会をもたずに過ぎてしまった。将来、機会をみて加筆し、もう少し本格的な議論をする権利を留保しておきたいが、ここに、当日の報告要旨を再録することにした。

なおその後、山田鋭夫は当日の報告などを基にした「内田義彦論ノート」を発表し（名古屋大学『経済科学』第三八巻第二号、一九九一年一月）、安藤隆穂は当日の報告とは別の「市民社会と資本主義――内田義彦への一道標」（『社会思想史研究』第一五号、一九九一年七月）を公にしている。

第三章　自然法、共和主義、スコットランド啓蒙

——水田文庫と私の研究——

1　水田先生との出会い

学問的に厳密な話は篠原さん(1)がされると思いますので、やや自由に話させていただきたいと思います。副題に水田文庫と書きましたが、水田文庫の分析をするというより、むしろ水田先生の研究についての私見を述べたいと思います。

四〇年ほど前の話

私は紛争世代ですから、大学への疑問があったわけで、進路選択に迷い、研究者になれるかどうかも自信がなかったのですが、とりあえず進学しようと決めて、一九七三年に京大の大学院に入りました。経済原論のゼミ（田中ゼミ）を選びましたから、最初は先生とともにマルクスの『資本論』を読みながら宇野理論をやり、ロシアのミール共同体論を勉強したり、フランス革命思想やイギリス革命思想を勉強しました。大塚史学や移行論争、ウェーバーやリストな

どを追いかけ、ナチ・レジーム研究もかじりました。インドや中国もスコープでした。人文科学研究所の河野健二ゼミ、大野英二ゼミにも参加しました。紛争で学問を放棄した人たちも多かったのですが、当時は全国から学生が集まってきました。

ようやく紛争は終焉したのですが、京大ではまた嵐の第二波がやってきます。それは当時有名になった竹本問題でした。この厄介な問題が原因で一九七四年に指導教官の田中真晴先生は辞職されます。平井俊彦先生のゼミに移った私は修士論文でホッブズを選びました。そこで水田先生の『近代人の形成』（一九五四年）に出会うことになります。たぶん最初に読んだのは一九七三年頃だったと思います。もう少し早かったかもしれません。ボルケナウの翻訳（『封建的世界像から市民的世界像へ』）なども読んでいました。モールズワース編の『ホッブズ英文著作集』を（京大経済図書室の）上野文庫から借り出して、半分ほど読んで、修士論文を書きました。懸命に読んだ記憶がありますが、半分しか読めなかったのです。「ホッブズ社会哲学の方法」の考察を焦点にしました。申し訳ないことに、上野文庫の著作集はボロボロになりました。このときにレオ・シュトラウスのホッブズ研究にも、テイラー、ウォリンダー、ワトキンスなどの分析哲学系の研究も、テンニエスや福田歓一さんや、藤原保信さんの著作にも出会っています。経済学部にもありましたが、法学部の図書室にホッブズ関連文献は豊富に揃っていました。

マルクス派として有名なマクファースンの『所有個人主義の政治理論』*The Political*

Theory of the Possessive Individualism（1962）も翻訳がない時点で読みました。少し後にマクファースンは来日しましたが、京都ではセミナーは開かれませんでした。平井先生はロック研究から離れておられ、関心が無い様子でした。当時、開かれたのはホブズボームのスタッフ・セミナーで、それには参加しました。学内では開けず、下鴨神社のそばの京都教育会館で開かれました。それは京大経済の先生たちの会話力を認識する機会となりました。それは激しい雨の日でした。

ホッブズからヒューム、ミラーへ

修士論文「ホッブズ社会哲学の方法と意義」でホッブズをやったことは良かったと思います。しかし、勉強したことの僅かしか書けませんでした。神戸商大で開かれた経済学史学会の関西部会での報告が最初の学会報告でしたが、水田先生が来られることを予想して、想定問答を用意し、理論武装して出かけましたが、先生はお見えにならず、空振りでした。

大学院時代が幸福だったかどうかは疑問の余地があります。というのは、さきほど触れましたように、京大経済は竹本問題で紛争が続いていたからです。竹本信弘助手が朝霞自衛隊基地の自衛官殺害の教唆をしたという容疑で逮捕状が出ていました。竹本助手は、出口勇蔵先生の門下であったのですが、滝田修として知られ、ブント系の京大パルティザンを組織していて、どこまで本気だったかはわかりませんが、革命を目指していました。彼は『ならず者の暴力宣言』といった著作を書いて、警察権力と対決するということで、逃亡を続け、大学に出てこない。そこで欠勤をいつまでも認めるわけにはいかないということになって、経済学部教授会は分限免職を上申します。この問題をめぐって民青と共闘系が対立し、評議員であった私の師匠の田中真晴先生は、真面目な人でしたから竹本処分を推進せざるをえず、火中のクリを拾われることになりました。激しい抗議運動が巻き起こり、先生は辞任を余儀なくされました。先生はまだ四〇代の終わりでした。先生の苦しみはいくらかは私の苦しみでもありました。同感を、身をもって感じました。激しい時代でした。

第二の河上事件にするなというのが、竹本擁護派の主張でした。擁護派は大衆団交で「先生は、ぼくらにスミスの同感の理論を教えられましたが、今まさに同感に反することをされているのではありませんか」と追及しました。共闘系の先輩が鋭く糾弾した声は今も耳に残ります。長引いた紛争は学生の才能を潰したと思います。院生が次々に学問を捨てて行きました。

才能がなかったというより本気でなかったと言うべきかもしれませんが、フランス語もドイツ語も身につきませんでした。師匠のアドヴァイスでイギリス思想史をやることに決めたので、それだけで忙しかったのも確かでした。田中先生からはゲールケの「ミール共同体」に関する独文の文献を読むように指導を受けていました。しかしながら、京大を離れるときに、先生は、内田義彦を引き合いにしながら、イギリス思想史をやるのがよいと諭されました。文学部に越智武臣先生などもおられましたが、総じて京大のイギリス研究は弱体でしたから、誰かが本格的にやらねばならない、そういう意識があったのではないかと思います。当時は、ロシア、ドイツ、イタリア、フランスに比して、確かに手薄でした。

河野ゼミは二年間以上出ることができませんでした。大野ゼミもそうで、以後、楽友会館で開かれることになった方法論研究会（田中先生が中心でした）と平井ゼミ、そして専修大学から移ってこられたばかりの木﨑喜代治先生のゼミに出ながら勉強しました。嵐のような二〇代でした。田中先生の辞職はゼミ生には大きな事件でした。一九七六年に経済学史学会、社会思想史学会、イギリス哲学会に相次いで入会しましたが、その後、ホッブズとイギリス革命思想の勉強を続けながら、私はヒューム、ミラーの研究に着手します。スミスは内田、小林、水田のいわゆるトリオの研究があり、あまりに高峰、峻厳で、何かを付け加えることなどできないのではないかと思われ、回避することにしました。

ロック研究から始められた平井先生はフランクフルト学派に関心を深めておられ、ルカーチからカール・コルシュの研究もされながら、ハーバーマスを読んでおられました。フランクフルト学派の新世代の代表となっていたハーバーマスは新左翼の思想的チャンピオンになりつつありました。京大の法経第七教室で「後期資本主義」と題するハーバーマスの講演会もありました（元気だった河上倫逸さんが司会をしていたように思います）が、私はさほど引き付けられませんでした。むしろ、トマス・クーンの講演会が印象的でした（まだ若かった伊藤邦武さんの通訳がすばらしかった）。いつだったか正確には覚えていませんが。

平井ゼミではウェーバーやヘーゲル、ピーター・ゲイなどを読みました。長尾伸一君も平井院ゼミにいたと思いますが、すれ違っています。そして私が就職した頃に、学部ゼミに『構造と力』で有名になる浅田彰君やアルチュセールの翻訳をした市田良彦君などが来るようになります。木﨑ゼミではモンテスキューとチュルゴを読んだことがよかったと思っています。木﨑ゼミには少し後に石井三記君（名古屋大学法学部教授）が参加しました。

水田集中講義

ODになったときに、法学研究科に水田先生が集中講義にお越しになりました。水田先生はそのころ上山安敏先生と交流されていました。上山さんは猛烈にウェーバー研究をしておられた。上山さんは語り出すとまくしたてるといった風で、止まることがなかった。私は経済からただ一人参加しました。一人しか参加しないのは、もったいないことでした。聴講するだけではなく、報告もさせてもらっています。それは先生の研究史についてでした。

その年には経済では院生たちの希望で小林昇先生に来ていただくことになりました。また同じころ病み上がりの内田義彦さんが学部で集中講義をされています。学部講義でもありましたが、内田さんの講義には一度出た程度で、切り上げました。衰えが隠せず、これは最早「真の内田」——真のマルクスという言葉に因んで言えば——ではない。そんな印象でした。それに対して、水田講義、小林講義は実に中身が濃くて勉強になりました。

今、思うと小林先生は六〇歳前後、水田先生は五〇代の後半過ぎといった年代ですから、今の私より若い位です。学問的にはピークを迎えておられた。両先生とも、堂々たる大家でありました。これは大学院時代の収穫でした。ホッブズ、スミス、マルクスを中心とする社会思想史、イギリス重商主義、スミス、リストを関連づけた経済学史を満喫できたのですから、幸せな経験でした。

甲南時代

私は師匠が移籍されていた甲南大学に就職します。学振奨励研究員を一年やった後でした。一七世紀研究から一八世紀研究に力点を移すことになりました。ラテン語もなかなか大変で断念しました。また一七世紀研究は宗教も重要で、限界を感じていたことも確かです。一八世紀ならもっとよく分かるのではないかと思いました。ターゲットはスコットランド歴史学派の研究でした。明らかに水田先生の研究によってスコットランドへ導かれたのですが、山﨑怜さんのミラー研究、佐々木武さんの助手論文「『スコットランド学派』における『文明社会論』の構成」、田添京二さんの論考なども参考になりました。佐々木論文は重要な研究だと思いました。あれが出版されないままであるのはもったいないことです。彼に出版を勧めると、「あれは心ある人に読んでもらったらそれでよい」と素っ気ない返事をします。

甲南にはゴールドスミス・クレス文庫がなかったので、安価に利用できる龍谷大学などに通って、原典のコピーを集めました。中央大学のヒュームを中心とするプライス・コレクションは助かりました。

今回の水田文庫の展示会（アダム・スミスと啓蒙思想の系譜）のアイテムは当時スコットランド歴史学派と言われていた思想家のものを多く選んでいます。私は甲南に約一〇年いて、田中先生に師事しながら、自由な勉強をさせてもらいました。今思うと、三〇代は懸命に勉強したと思います。四〇過ぎで京大に移ります。甲南時代の心残りは、一九八六年に在外研究に出られなかったことです。学部長に出してほしいと直談判しましたが、出してもらえませんでした。この年にはスコットランド啓蒙研究の一つのピークがあって、ＥＣＳＳ（一八世紀スコットランド研究学会）はここから始まります。不遇というと語弊がありますが、自費で飛び出す勇気もなかったわけで、今思うと我ながら情けない限りです。

京大に移って早いもので二〇年が過ぎました。学生時代を含めて京大には三〇年いることになります。

『スコットランド啓蒙思想史研究』

甲南時代に書きためた論文をもとに、私は一九九一年に『スコットランド啓蒙思想史研究』をまとめました。甲南時代に伊藤忠兵衛基金を貰って出すはずだったものを、京大に移ることになって返上したために、そのぶん出版が遅れたのですが、教授昇格を急いで出したのだろうという誤解を招きました。細かなミスがたくさんありました。この本は水田先生に『経済評論』で長めの書評を書いていただきました。結論は、馬力はあるが粗っぽいという批評でした。厳しい批評でしたが、『経済評論』に書いていただいたこと自体が有難いことでした。

この本は名古屋大学出版会から出してもらったのですが、担当は辣腕編集者後藤郁夫氏からこれまた手ごわい橘宗吾氏に代わりました。出版助成は補欠採用でした。諦めていたら補欠採用になったという連絡がありました。刊行までに通常より時間が少なかったのも事実で、懸命に書きましたが、時間不足で当初の思惑は実現できませんでした。したがってミラー研究は省き、議論は一七七六年までで切りました。『文明社会と国制』というタイトルで出したかったのですが、後藤氏に押し切られました。押しの強さでは彼には敵いませんでした。それで副題にしたわけです。

修士論文を書いたころから水田先生は、私のいつも意識していた先生でした。そして私は小林昇先生の仕事にも魅かれていましたので、生意気ですが、小林先生の文脈主義の手法と水田先生の社会思想史を総合ないし結合できないかと秘かに考えるようになりました。

一九七六年に『国富論』出版二〇〇年記念の鼎談があり、『東洋経済』の特集に掲載されたことはよく知られていると思います。内田、小林、水田というトリオの鼎談ですが、内田さんが自分は思想－理論、小林さんは政策－理論、水田さんは思想－思想、といった区別をしていたように思います。トリオのスミス研究は対照的であると思います。その後、スミス研究は大いに盛んとなって、たくさんの研究が出ています。待望のフィリップスンの研究もようやく出ました。『アダム・スミス　啓蒙された人生』ですが、まだ読む時間がありません。

そのころからスコットランド啓蒙研究が本格化します。日本ではトリオによってその後のスミス研究の活発化のきっかけが作られました。英米ではそれほどはっきりしたリーダーがいたわけではないように思いますが、スミス研究もスコットランド啓蒙研究も注目すべき新しい研究がたくさん出ています。日本には巨匠三人がおられたのですが、その後の盛んになったわが国のスミス研究で巨匠に迫る研究がどれだけあるか、遺憾ながら、疑問に思います。このようなことを申すと先輩たちから批判されるかもしれませんが。

啓蒙研究のヴェントゥーリや共和主義研究のポーコック、ヒューム研究のフォーブズは文句なしの巨匠ですが、スミス研究ではどうでしょうか。ウィンチやロスの仕事も重要ですが、ポーコックに比べるとスケールが小さい。グリスウォルド、ヴィヴィエンヌ・ブラウン、イヴンスキーの研究などなどたくさん出ていますが、とても読み切れないでいますので、その水準は分かりません。先ほど述べたように、フィリップスンの待望のスミス研究も出たのですが、まだ読むに至っていません。スコットランド啓蒙研究では、半世紀の研究史があって、今ではホーコンセン、ロバートスン、シャー、エマスン、ウッドなどの重要な研究が蓄積されていますから、若い世代にとっては環境が整ったのではないかと思います。

2　個人蔵書について

水田文庫と上野文庫

先生の蔵書は二度拝見する機会がありました。その質と量に圧倒されました。玄関先に『市民論』のオランダ語訳が無造作に置いてあるのには驚きました。書庫には珠玉の古典が並んでいました。

私も古書収集を始めるようになります。きっかけは、水田門下の今は亡き川久保晃志さんにフリッツェルを紹介されたことで、以後スパイク・ヒューズからも買うようになりました。甲南にはスコットランド啓蒙関係の古書は僅かしかなく、すべて一から揃えなければなりませんでした。私費でも買いましたが、研究費も科研もすべて収集に投入し、研究を進め、その成果をまとめる段になって、京大に移りました。京大に移るべきかどうかは、難問でした。杉原四郎先生と田中先生に相談し、移ったほうがよいと言っていただきました。科研の大半を投じて『スコッツ・マガジン』も買いました。これは水田文庫にあって一部が展示されているものですが、これを甲南に置いてきたのは、誰も利用者がいないので、もったいないことです。

京大には戦後受け容れた上野文庫があり、そのほかにもスコットランド啓蒙関係の図書はいくらかありましたが、また、一からではないが収集を始めねばならない。上野文庫の寄贈者（上野精一氏）は朝日新聞の創業者の御子息で、イギリスで大量の資料を集められたのですが、その上野家（上野淳一氏）から毎年一二〇万円の整理費をいただいていました。上野淳一さんには何度かお目にかかったことがあります。上野家は神戸淡路大震災で被災をされました。それで整理費は終わり、感謝状を差し上げたのですが、そのお金が少し貯まっていましたので、古書購入費にあてました。上野文庫責任者を木﨑先生から引き継いでからのことです。

公費で、古書収集費を二〇〇万とか三〇〇万とか確保して買った年もあり、大分充実してきたことも確かです。業者のカタログのアイテムなども買いましたが、それは高くつくので、私が見つけた書物を業者が納入するというふうにしてコストを削減し、資金を有効に使った時期もありました。私自身は本探しに時間を取られましたが、研究の一環と考えれば苦にはなりませんでした。極東書店に協力していただきました。これは数年間続けることができました。こうして京大にも少しは集まってきました。しかし、どれだけ利用したかという点では、覚束ない次第です。二一世紀になってからは、運営交付金の毎年の削減と、二つの専門職大学院を作ったことの影響などもあって、今では古書はおろか、新刊でさえも十分に買えなくなりました。

上野文庫は水田文庫に匹敵するかと思います。様々な本からなる二万七〇〇〇冊あまりの文庫ですが、いろいろあるから役に立ちます。古典的な文献もありますが、洋書が入らなかった時代のものが大量にあります。キャロライン・ロビンズはあまり所蔵先がなく関西大学で借り出してコピーをして読んだのですが、後に上野文庫にあったことを発見しました。整理が十分でなかったので分からなかったのです。キャロラインが、ロンドン・スクールのライオネル・ロビンズの妹であることを、ロビンズ自伝を監訳して知ったのですが、キャロラインの軌跡はまだ十分明らかになっておりません。これから研究したいと思っていますが、ペンシルヴァニアのブリン・マー・カレッジに行かないとだめだろうと思っています。

電子テクストと原書

数年前から京大にも電子テクストが順次入りました。ＥＥＢＯ（Early English Books Online、一五一一七世紀）、ＥＣＣＯ（Eighteenth Century Collection Online、一八世紀）、Goldsmith-Kressなどですが、スコットランド啓蒙研究にとっても、その他の歴史研究にとってもＥＣＣＯがきわめて有益で、これまで手に入らなかったものが読めるようになった。まだ目立った成果は出ていないかもしれませんが、京大の研究環境はまったく様変わりしました。院生たちが多いに利用しているようですが、しかし社会思想史を専攻する院生が少ないのも事実です。その効果はやがて顕著に出てくるのではないかと期待しているのですが、それはどれほど研究に打ち込めるかの勝負だと思います。

電子テクストが充実すると、それは簡便に利用できますから、何のために一生懸命本を集めたのかということにもなるのですが、しかし、現物は重要である。本は文化財でもあり、現物を確保できればできるにこしたことはない。皆さんにはその意義はお分かりいただいていると思います。電子テクストだけがあればよいとは誰も思わないと思います。古典書籍の収集は今も必要ですが、研究の便宜が電子テクストで根本的に改善されたことは明らかです。電子情報革命は凄まじい勢いで進んでいます。読めなかったものが大量に、簡便に読める。それはECCOなどが実現したことで、ECCOなどは是非、名古屋大学にも導入してほしいと思っています。

電子テクストも必要ですが、古典籍、原資料自体の存在もまた重要で、図書館は両方を有する必要があると思います。トムスン・ゲールとかエルゼヴィアといった大企業が電子テクストや電子ジャーナルを発行している大本で、高く売りつけているのだと思います。商品ですから、それなりの価格となるのは当然ですが、いささか高いように思います。一方、著作権がなくなったものが、グーグルなどで無料で読めるようになってきた。これが今後どうなっていくのかまだ分かりませんが、そういうものだけに依存するのは危険で、書物や定期刊行物は現物を確保しておくことが重要だと思います。

水田ゼミの文化と個人蔵書

先ほども触れましたが、私も少し古書を集めてきました。水田文庫とは比べようがないのですが、スコットランド啓蒙関係と共和主義関係が中途半端に集まっています。ミラー研究者を自認しているのに『階級起源論』の初版はもっておりません。他の版と『英国統治史論』は大体あると思います。他にもいくらかあります。ヒュームは『イングランド史』（*History of England*）のチューダーの巻は初版がありますが、それ以外にこれという版は何ももっていませんし、ＷＮ（『国富論』）はなし、ＴＭＳ（『道徳感情論』）も六版だけ。ケイムズは、『道徳と自然宗教の原理』（*Principle of Moral and Natural Religion*）や『ジェントルマン・ファーマー』（*Gentleman Farmer*）の初版などいくつかあります。ロバートスン、ファーガスンは比較的あるかもしれません。全部で一〇〇〇冊ほどになると思いますが、共和主義文献だけは執拗に追いかけましたので、水田文庫より揃っているかもしれません。

これは水田ゼミの文化の影響なのです。少なくとも、私の場合はそうです。水田先生の弟子の皆さん全員がそうかどうかは知りません。京都の先生たちは、自分で古書を買うという趣味はありませんでした。京大経済には河上肇文庫、石川興二文庫、柴田敬文庫といった特殊文庫がありますが、文庫としては驚くほどのものではありません。柴田文庫は、ランゲやシュンペーターなどの手紙があるので、有名です。柴田さんは杉原四郎先生の先生でした。石川文庫はドイツの歴史学派関係が強いとは思います。石川さんは出口勇蔵先生や白杉庄一郎先生の師匠でありました。

水田先生と一脈相通じる思想史家だと私が思っている林達夫の文庫が明治大学にあります。数は相当なものですが、古書（ここでは古本ではなく、Antiquarian Books の意）はあまりなかったように思います。京大の経済研究所におられた青山秀夫先生の蔵書は一万冊あまりあり、これは古代から現代までの古典に強い充実した蔵書ですが、古書はほとんどありません。京大経済に寄贈を受けましたが、一部を一般図書に組み込み、重複本は廃棄となりました。私は数百冊をいただきました。なかに貴重なものがあります。ゾンバルトなどの何冊かは、八木紀一郎先生に受けついでいただきました。

青山先生の弟子の森嶋通夫先生の文庫もたぶんそうだと思います。これは申請中の、池上惇先生が熱心に推進されています「文化政策町づくり大学院」に入ったと聞いています。森嶋さんの文庫ではおそらく手紙類が貴重だろうと思います。京大では大野英二先生の蔵書が三万冊以上と言いますが、これも一八世紀の古典はたぶん含まれていないと思います。碩学でしたから収集は半端でなかった。ナチスやユダヤ人問題を中心とするドイツ現代史の相当に立派な蔵書だと思われますが、その行先は迷走しています。遺族は京大にまとまった形で受け入れてほしいということのようで、一時、私もそうしたいと思ったのですが、具体化できませんでした。まず収蔵スペースがない。整理費もなかなか出しづらい。京大経済では重複本は受け入れないという規定になっています。こんなことでよいのだろうかと、私個人は思っていますが、今のところいかんともし難いのが現状です。大野先生の弟子の高橋哲雄先生の蔵書も三万冊あるそうです。ちなみに高橋先生の『先生とはなにか――京都大学師弟物語』は大野先生がモデルです。

出口蔵書は一部龍谷大学に入ったそうですが、京大には来なかった。河上の弟子の堀経夫先生の蔵書はどうか、一部が京都産業大学に入ったと聞いています。杉原四郎先生の蔵書はどうか、私は知りませんが、篠原さんがご存知かもしれません。菱山先生の蔵書は福井県立大学に入ったと聞きます。田中真晴先生は本が好きな先生でしたが、しかし、蔵書はさほど凄いものではありませんでした。先生の蔵書は弟子たちがいただきました。小林昇先生の蔵書は一部、立教大学に入ると聞いています。小林先生の書斎で見かけたステュアート『経済の原理』初版のドイツ語訳は相当に高値になっているらしい。菱山蔵書も、出口蔵書も京大に入らなかった。平井蔵書も田中真晴蔵書もそうです。これは残念なことです。（菱山先生の手元にはスラッファやロンカリアなどの西洋の碩学の手紙があるのではないかと思います。）

自分で古書を集めるというのは、一八世紀以前のものは一ケタ違いますので、相当、高くつく趣味だと思います。私も駆け出しの頃、驚いた記憶があります。数千円の本でも高いと思いながら買っていたのに、数万円が普通なわけで、えらい世界だなと思ったものです。

今思うと甲南時代に、スパイク・ヒューズから高価なものをかなり買ったように思います。ジョン・プライスやテムスからも買いました。甲南は給料が比較的高かったし、当時は若かったから、自分の将来への投資のつもりで買っていました。家を立て、住宅ローンも重かったのですが、貯金はせずに、残りは本を買いました。高額の生命保険にも入っていました。バブルに向かう時代でした。京都に移ってからも五〇歳になる頃までは意欲的に買っていました。

在外研究のときも、半分は本集めにエネルギーを使いました。もうたいして掘り出し物は見つからない時代でしたが、それでも、カーマイケルやリーチマンのパンフレット、ケイムズの初版などいくらかは見つけました。ホンダの中古車で水田先生とボーダーに近いインナーリーセンのスパイクの家を訪問したこともありました。ワイトの農業書七巻も買いました。ケイの画集もこのときに買いました。ディキンスンの相棒のダウさん（Francis Dow）に羨ましいと言われました。ロンドンで見つけたホガース「選挙風景」四枚セットは高くて手が出ませんでした。

最近は買わなくなりました。買う必要も以前ほどなくなってきました。時々出る優れた研究は追いかけなければなりませんので、研究費は必要ですが、年々運営費交付金は削減され、大学が窮迫していますし、給料も減らされ、科学研究費も切られてしまいましたので、今年からは本の購入が保守的になっています。歳も取ってきました。二年間は管理職なので、あまり研究もできませんから、天の声と受け止めています。

水田文庫が格段に凄いことは改めて言うまでもありません。とくに、スコットランド啓蒙の収集が充実しています。以前から名古屋大学の蔵書は特殊文庫も含めて注目すべきものであった。それは水田先生が大抵入れられたのですが、今回の水田文庫によって名古屋大学がスコットランド啓蒙をはじめとする啓蒙思想と社会思想史の研究拠点となる強固な基盤ができた。これからの日本の社会思想史研究に注目したいと思います。

3　水田先生の研究と私の研究——比較

古書収集の話に少し深入りしましたが、水田先生の研究について、いささかおこがましいのですが、私の研究とどう違うか考えてみたいと思います。水田先生の社会思想史においては、ホッブズ、スミス、マルクスが中心にある。そしてその流れは「民主主義思想」の発展ないし徹底として把握されている。私から見ると、先生の民主主義はいろんな要素からなっているように見えます。自由主義も共和主義も社会主義も織り込まれた民主主義であるように見えています。

先生の研究は、最近は、スミスの比重が大きくなっているように感じていますが、スコットランド啓蒙もスミスとの関係で考えられていると思います。翻訳もたくさん、広い範囲でやってこられました。先生は「ぼくはマルクス主義者だ」と何度も言われたのを聞いていますが、私には、ホッブズ主義者であるとも、スミシアンであるとも言っておられるように聞こえています。先生は市民運動もやっておられますが、私の解釈では共和主義者でもある。自らの責任で政治にコミットするのが共和主義者ですから、そう言って間違いはないように感じています。

スコットランド啓蒙というのは比較的新しい概念ですが、一八世紀のエディンバラやグラスゴウで開花した学問・文化の新しい展開を意味しています。ほぼ半世紀がピークでした。その中心にいたのはヒュームとスミスですが、その担い手の多くは大学教授や牧師、法曹、改革派地主などでした。啓蒙知識人の庇護者となったアーガイル侯爵、ミルトン卿、ケイムズらが偉かったように思います。

私がスコットランド啓蒙を研究するようになったのは、先ほども触れましたが、水田先生の先駆的な紹介に導かれたからであることは明らかです。私は直弟子ではありませんが、先生から受けた学問的恩恵は非常に大きなものがあります。先生が紹介されたパスカル論文には興味をかきたてられました。先生の思想史の旅シリーズは私の愛読書で、すべてもっています。スコットランド民兵論争やファーガスンはまったく先生から教わっています。権威の原理と功利の原理の関係の問題や、スコットランド啓蒙におけるルソーという主題は内田さんから示唆されたのかもしれませんが、スコットランド歴史学派については先生の紹介が出発点であることは明らかです。民兵論争については篠原さんがいち早く研究されました。リード研究もそうです。ファーガスンは天羽さんの研究も参考になりました。ケイムズも水田先生と佐々木さんの論文が出発点でした。

幸いなことは、私が本格的にスコットランド啓蒙に着手した頃に、英米での研究も本格化し、英米の研究に刺激されながら、同時並行的に研究を進めることができたことです。ロス、レーマン、ウィンチ、フィリップスン、イグナティエフ、ロバートスン、ホント、ケアンズ、ワセック、ホーコンセン、リーバーマン、メローレ、レイナーなどなど、思いつくだけでも何人もいます。

いくつかの論争点

少し細かな論争点について触れますと、スミスは民兵論者から常備軍論者に変わったというのが通説で、水田先生もそのような見解だと思いますが、私の仮説は違っていて、スミスは一貫して常備軍とその補助軍としての民兵軍の併用論であると私は考えています。そのことを論文に書いたのですが、誰からも応答がなく、完全に黙殺されています。

水田先生は、スミスを民主主義者であると解釈されていますが、私はそれに反対というのではないのですが、もっと複雑に考えておりまして、自由主義、民主主義、共和主義のいずれの要素も見出しうると解釈しています。

水田先生は、ロックとヒュームをあまり論じておられません。基本的にホッブズからスミスへというのが先生の思想史のつかみ方です。それに対して私はハチスンとヒュームを重視しています。

また先生は共和主義にほとんど関心を示されていませんが、私は共和主義を重視しています。（先生は、共和主義は君主、天皇制を容認するから駄目だと言われていたことを覚えています。）

共和主義がどのような思想であるかを説明することは厄介ですが、政体としては自由を重視する共和政または一者、少数者、多数者の混合政体、徳の概念、軍事的には民兵制などで形成される政治観ですが、共和国は不安定で、自由は腐敗によって失われると考えますから、政治も歴史も腐敗との戦い、不安定性との戦いを余儀なくされるという認識に立って、徳（Virtue, Virtus）の保持を強調するものです。その詳細な歴史的展開はポーコックの『マキァヴェリアン・モーメント』に描かれていますので、ご覧になっていただければ幸いです。腐敗が重要な問題である限り、共和主義は意味を持ち続けると私は思っています。

先生はハチスンとスミスの断絶を強調されていますが、私は比較的、連続面を重視しています。こうした見解の相違があります。このように違うからといって、私は「水田洋を乗り越えた」などと思っているわけではありません。誤解のないように申し添えます。ちなみに田中正司先生は自然法思想を決定的に重視されていて、それは通説だろうと思います。

啓蒙と経済学

私はとくに最近は「啓蒙と経済学」を研究主題に掲げています。マルクスとウェーバーを早々に切り上げて、私はホッブズから思想史研究に入りましたが、ヒューム、ミラーに比較的多くの時間と労力を割いてきました。スミスについてもいくつかの論文と小さな本を書いていますから、スミスを決して軽視しているわけではありません。まだ不十分であると思っていますが、フレッチャー、ハチスン、ケイムズ、ヒューム、スミス、ファーガスン、ミラーを相互に比較しつつスコットランド啓蒙の思想の展開を把握し、その他の思想家についても少しばかり研究してきました。

そのなかでも自分ではヒューム、スミス、ミラーを中心に置いているつもりです。私の場合、決してスミス中心ではないという特徴があると思います。その点、水田先生は圧倒的にスミス中心であります。スミスの著作の翻訳もほとんどすべてやられています。待望の法学講義Aノートの翻訳がもうすぐ完了すると聞いています。楽しみにしています。

翻訳について

スミスについては私の出る幕はないのでありますが、私はハチスンとヒュームの翻訳をしてきました。他にはミラーの『階級区分の起源』だけはやりたいと思っています。二〇歳代に作った試訳があります。三〇年以上、眠ったままです。ハチスンやヒュームといった古典の訳を刊行できたのは、少しばかり前から京都大学学術出版会の理事を偶々やっていまして、近代社会思想コレクションという企画を提案して実行しているということにも関係しています。編集者とタッグを組んでやっています。

少しずつ企画を充実すべく、個別に翻訳企画の相談を広げている最中です。年間二冊の予定ですが、必ずしもコンスタントに訳稿は出てまいりませんので、それを埋めるためにヒュームの『政治論集』は急いで間に合わせました。これは各版対照を相当やりましたので、意味のある翻訳になっていると思っています。各版対照ができたのはECCOのおかげです。プーフェンドルフやファーガスン、ウィリアム・トムスン（トンプソン）、マブリ、ランゲ、セー、ミル、ワルラスなどの企画を進めております。皆さんからのご提案は歓迎します。これはどうかというものがあれば、是非ご提案ください。水田先生からミルの『自由論』の改訳はどうかというご提案をいただいていますが、これは楽しみにしています。

二次文献の翻訳も水田先生はずいぶんたくさんやってこられました。私もたくさん裨益させていただきました。その範囲もまたとても広い。ボルケナウはよく知られていますが、マクフィーやミークからホブズボーム、ヴェントゥーリなどにまでわたっています。共訳が多いのですが、私もまた比較的多く二次文献の翻訳に携わってきました。最初は師匠とのハイエクの共訳でした。その後、ポーコックの『徳・商業・歴史』をやり、これにはまだ若かった長尾先生にも下訳に加わっていただきました。ディキンスン『自由と所有』、ハーシュマン『方法としての自己破壊』、ポーコック『マキァヴェリアン・モーメント』（以下ＭＭ）、ホント『貿易の嫉妬』、ロビンズ『一経済学者の回想』などです。フォーブズとシュナイウィンドは、訳は済んでいますが、未刊です。[2]

『マキァヴェリアン・モーメント』

水田先生は民主主義思想を重視されていますが、すでにふれましたように、私は自由主義にも共和主義にも関心をもっている点が違います。私の第二のテーマは「共和主義」です。この主題にとっては、キャロライン・ロビンズの『一八世紀のコモンウェルスマン』（一九五九年）も重要ですが、ポーコックの仕事との出会いが決定的に大きい。ですからポーコックの『古来の国制』とロビンズの『コモンウェルスマン』も暇ができたら翻訳したいと思っています。

水田先生は「シヴィック・ヒューマニズム」に対して一見、冷淡ですが、堀田誠三さんから、先生が彼にMM（一九七五年）を読むように言われたという話は、三〇年ほど前にきいた記憶があります。私は彼に翻訳を期待していたのですが、結局自分で手掛けることになりました。キーパースンは橘宗吾さんです。彼に説得されたのです。一度は断りました。とても大変に違いない。専攻もずれていますし、能力的にも自信がない。東大か、早稲田の政治思想のグループに頼んでくださいと申し上げた。

しかし、再度の説得に覚悟を決め、奥田敬と森岡邦泰という二人の本格派を共訳者にして、数年かけてやりました。二人がいなかったら、できなかったと思います。一人でやったらボロボロの訳になったと思います。これは長く読まれる現代の古典なので、十分に時間をかけ、吟味に吟味を加えました。きわめて難解な文章で辟易することも再三あったのですが、どうにか完成に漕ぎつけることができました。分業と協力の成果です。二〇〇八年に出版したのですが、八〇〇〇円で一八〇〇部印刷しました。ほぼ捌けたようなので、日本の学界も捨てたものではないように思います。もちろん、橘編集長の手の上で踊らされたとでも言うべき側面もあります。橘さんが若いのに手ごわいことは私が改めて述べるまでもありません。

啓蒙の経済学と共和主義

私が「啓蒙の経済学と共和主義」との関係に執着しているのはポーコック教授の影響かもしれません。水田先生は自然法思想と経済学の密接な関係を重視されていると思いますが、私はもっと複雑に考えています。少なくとも共和主義の問題、徳と国制の問題は経済学の形成にとって重要だと考えています。

ポーコックは一九二四年生まれです。水田先生が五年先輩です。二人はあまり交流されて来なかった。しかし、二人はヴェントゥーリを介して繋がっている。社会思想史と政治思想史は異なる分野ですが、重なる部分も大きい。しかし、先生が親しいホブズボームはポーコックにはたぶん無縁の人だった。フォーブズはポーコックのケンブリッジでの先輩か同僚でした。そしてホントがいます。ホントは先生と長い交流があったと思います。先生からホントの講義ノートをいただきました。ずっと以前のことです。そしてホントの大著の翻訳をしました。ある人から誤訳を批判されました。ケアレスミスがあったのですが、しかし、私がやらなかったら今も多分翻訳は出ていない。翻訳には意味があると私は思っています。たぶん水田先生も同じようにお考えなのではないかと、勝手に想像しています。日本は語学の障壁が大きいので、翻訳は重要な意味をもつと思います。

ホントを翻訳したことは、私にとっては、啓蒙、共和主義、経済学を考える上で、有益でした。近代国家とその経済政策について改めて考える機縁となりました。

アメリカ啓蒙への誘い

水田先生のもう一つの領域は、マルクス主義思想史、社会主義思想史だと思います。私の場合は、「アメリカ啓蒙」がもう一つの主題となっています。啓蒙思想を研究していて、オランダもそうですが、一八世紀アメリカ思想史研究がわが国では弱体であることに気づきました。そこでフランクリンを調べはじめたのですが、そこからウィザスプーンや、ベンジャミン・ラッシュ——水田先生の「コモン・センス、アメリカにわたる」という先駆的な研究がありますが——など「アメリカ啓蒙」に出会い、アメリカ啓蒙におけるスコットランド啓蒙の影響について、少し勉強をすることになりました。

科研を獲得して、文献を集め、またＥＣＣＯ（一八世紀文献の電子テクスト）が入ったので、研究は予想以上に進捗しました。わが国では「アメリカ啓蒙」という言葉自体、ほとんど聞きません。一八世紀アメリカ研究が弱いからだと思われます。またアメリカ研究自体が縦割りで行なわれている弊害もあります。西洋史のアメリカ研究と政治史のアメリカ研究、アメリカ文学史や経済史はまったく交流がないように思われます。アメリカでたくさんの「アメリカ啓蒙研究」が出ているにもかかわらず、日本ではまったく無視された格好になっています。

私は、老年に差し掛かっていながら（と言っても水田先生より三〇歳若いのですが）、これほど大きな主題に出会うとは思ってもみませんでした。私は『啓蒙と改革——ジョン・ミラー研究』をライフ・ワークのつもりでまとめました。一九九九年のことです。ちょうど五〇歳になった年でした。ミラーの小著と大著を詳細に分析しました。それはしんどい仕事でした。水田先生からは、「もっと大上段に構えるべきだ」と批判されたことを覚えています。しかし、それはミラー研究で私が採用した手法ではありませんでした。私の本を読めば、ミラーを読まなくても、ミラーの概要が分かる研究を目指したからです。ミラー研究のしっかりした基礎を作りたかった。それができたかどうかは、後世に委ねる気持ちでした。そして自分では一応、自分に可能な範囲で、ミラーについてやるべきことをやったというつもりでした。

ですから、その後にこのように重い大きな主題に取り掛かることがあるとは正直、予想もしませんでした。MMも予定外の仕事でしたが、MMをやって相当草臥れてもいましたので、ことさらそう感じるのかもしれません。こうして五、六年アメリカ啓蒙に集中していました。フランクリンから、ジョン・ウィザスプーン、ジョン・アダムズ、パウヌル総督、ベンジャミン・ラッシュ、スタナップ・スミス、トマス・ペイン、トマス・ジェファスン、ジェイムズ・マディスン、アレグザンダー・ハミルトン、ジェイムズ・ウィルスンをへて、ジェイムズ・ラムジーまでを論じた書物、『アメリカ啓蒙の群像』をまとめたのですが、科研の出版助成に不採用となりましたので、まだ陽の目を見ないでおります。

これも今振り返ると水田先生のお仕事に「道しるべ」があったように思います。さらにまた私は最近、比較的、出版の相談にあずかることが多くなってきています。これも水田先生の影響と言えるかもしれません。いわばコーディネーター役をやっているのです。いろんな方の本の出版をいくつかの出版社に取り次いでいます。篠原さんにもハーマンの訳で御苦労いただいています。

時代の違いも大きい

先生との違いはいろいろあります。私は稼ぎが少ない点が違う。これは重要な差異です。女房に金儲けが下手だといつも愚痴をこぼされますが、確かに給料以外の稼ぎはほとんどない。印税は全部献本に消え、講演も非常勤もほとんどしませんから、副収入がない。仕事はたくさんしていて、それなりに勤勉なのですが、その点がエピキュリアンの水田先生とは違う。先生は世界の方々への旅を楽しみながら、思想史研究をされてきたわけで、それは皆が羨ましいと思っていることだと思います。たぶん、先生はお感じになっていると思います。

私などは文字通り、貧乏暇なしというのに近い。つくづく自分はカトリックではありえず、ピューリタンではないにしてもプレスビテリアンだと思います。辛うじて研究を支えてくれていた科研費も切られましたから、本も買えなくなった。しかも最近は、給料までもが減っており、踏んだり蹴ったりである。損な時代になりました。講義はうるさくなっており、休講は必ず補講しなければなりません。私自身は休講をほとんどしませんし、大学院のゼミなどは年中やっています。しかし、一四回の授業をしなければならない（二年後には一五回になります）というのは、昔の常識とはずいぶん違うと思います。

私の学生時代などは休講など当たりまえで、休講のときは、それはそれで友だちと話をしたりして有益に過ごすことができた。今も学生は休講を喜ぶのではないかと思います。しかし、今は、世知辛くなっていていい加減なことは許されません。国の財政が悪く、経済が二〇年も停滞していますから、やむをえないのですが、大学に余裕がなくなってきた。大学の魅力が小さくなってきたことは否めない。

教育・研究の自由をアカデミック・フリーダムと言いますが、それは権力からの自由だけではない。時間に縛られない教育研究が懐かしい。自由な時間、あるいは余暇がないとアカデミーの魅力は半減します。今の大学は、忙しすぎます。COE（Center of Excellence）だ、GP（Good Practice）だ、あるいは外部評価がどうだと大騒ぎしているけれども、空回りをしているのではないか。それでも優れた研究が出ているとすれば、それは研究者の必死の努力の成果なのだと思います。根本的に大学のあり方を改めて考え直すべき時期に来ています。

私はゼミだけは昔の自由を守っているつもりでおります。ゼミは時間の制約を無視して延々とやっています。古典の輪読を中心にしています。二、三年前までの数年間は大学院のゼミを二つやっておりました。いろんなものを読んだように思います。その時期に参加した院生たちには、少なくとも古典と二次文献を相当読ませましたので、力がついたのではないかと思います。そのころが、私の活動のピークだったかもしれません。MMも一部分ですがゼミで読んでいます。ゼミ生の後の回想では、死ぬかと思ったとのことでした。相当きつかったのだと思います。教師として、鈍感過ぎたのかもしれません。LJA（スミスの法学講義Aノート）も三年かけて読みました。

4　近代とは何か

脅迫原理、愛の原理、交換の原理

私は講義で「近代とは何か」あるいは「近代市民社会」とは何かということを意識して話してきました。古代、中世、近代の原理を敢えて単純化してみますと、脅迫原理、愛の原理、交換の原理と把握できるのではないか。これはボールディングからの借りものですが、もちろんこの三要素はいつの時代にも見出せる社会形成因ですから、現代にもある。

古代の共和国では市民的徳が重視されましたから、脅迫というのは専制支配の原理なので限定される。しかし、市民が奴隷を支配したという構造は文字通り脅迫システムである。隔絶した貧富の差がある社会では交換原理は機能しません。しかし、交換原理は共同体の間で始まったとしても、次第に共同体内に浸透し、国内市場をつくる。マルクスやブローデルが指摘している通りだと思います。こうなると市民階級が上昇しますから、代議政体が形成されるようになる。中国はその方向に向かっているように思います。

中世のヨーロッパではキリスト教が普遍世界として存在し、神の愛であれ、隣人愛であれ、愛の宗教が君臨しました。しかし、愛の宗教であるキリスト教が、一面では禁欲と痩せた精神の宗教であったことも否めないわけで、愛の裏には人間性の否定がありました。そもそも現世否定であったところに、アウグスティヌス以来でしょうか、原罪の教義が加わることによって、ますます人間の欲望は否定すべきものとなった。

近代的個人

近代は、個人の欲望を肯定し、人権、自由と平等、個人主義、自由主義の思想を広めます。こうした近代思想の遺産は今では並ぶもののない地位に到達した。個人の人権を否定するような発言をしようものなら、激しく弾劾されるのがおちである。その意味で現代は近代の延長上にある。近代的価値が環境問題などにぶつかって維持しがたくなっているという共同体主義者の主張は一理あるけれども、こうした面ではいまだポスト・モダンではない。北京に行ってきましたが、中国はまさに近代に突入してきているという印象をえました。書店を見て、大概の西洋の古典が、近代のものも含めて、翻訳されていることが確認できました。時間があまりなかったので、『リヴァイアサン』が翻訳されているかどうかは分かりませんでしたが、ないはずはないと思います。[3]（憲法は目指すべき理想を語る一面がありますが、中華人民共和国の憲法には近代市民社会の原理が盛り込まれています。）

近代は否定できない。そのような近代の形成に思想史はどのような道筋をつけたのだろうか。

近代は意図せざる結果なのか。そういう点での私の見解は水田先生から多分に影響を受けていると思います。

私は伝統的な思想の遺産の総合命題としてスコットランド啓蒙の経済学を見ています。この点は厳密にいうと先生と違うかもしれません。

近代的個人の形成とは何か。Interest（利害関心）という情念による他の情念の抑制を思想史的に跡づけたのはハーシュマンでした（A. O. Hirschman, *The Passions and the Interest*, Princeton U.P., 1976. 佐々木・旦訳『情念の政治経済学』、法政大学出版局）。思想史の伝統にとって、情念をどう扱うかは、重要な課題でした。あえて単純化すれば、情念の否定はキリスト教で、情念の超越はストア哲学、情念の穏和化は道徳哲学＝文明化の哲学。情念の誘導はマキァヴェッリの共和主義政治学。情念の規制・制御は自然法思想。こうした人間観の総合命題がスコットランド啓蒙に見られるのです。

洗練（Refinement）と社交性（Sociability）の哲学

そうした人間観と相関的に成立した文明社会の概念の彫琢としてスコットランドの経済学がある、そしてそれは洗練（Refinement）と社交性（Sociability）の哲学である、というのが私の理解で、これはポーコックやイグナティエフの仕事からもヒントを得ております。

社交性はアリストテレスでは社会そのものを意味しましたが、プーフェンドルフ以後、近代的な友好関係を意味するものとして広まっていきます。それは洗練と結びつきます。ナチスを生んだドイツからイギリスに亡命したユダヤ知識人のエリアスが「文明化」の長い歴史をたどったのは、あまりにも有名です。人間の内なる野蛮の克服がエリアスの課題でした。彼が宮廷文化に着目したのも、行動と文化の洗練、穏健化に関わっていたのではないかと思います。

戦争という野蛮

近代は現代の基盤である。しかしながら、近代は戦争の時代でもあった。戦争という蛮行をどうすれば克服できるのか。これは近代の永遠の課題（Agenda）となります。ヒュームやスミスは平和の技術、技芸と学問（Arts and Sciences）の発展と勤労（Industry）、要するに商業社会化＝交換関係の拡大に期待するわけであります。

スミスは火器の発明によって戦争は残虐でなくなったと述べています。しかし、その後、火器はますます性能を高め、戦艦や飛行機の発明によって、帝国主義戦争によるジェノサイド（大量殺害）まで繰り広げたのが人類であります。そういうなかに日本も否応なく巻き込まれ、国家理性＝民族の生存という思想のために周辺国を侵略したのが二〇世紀の前半のことでした。その禍根が今なお制約となっていることは言うまでもありません。

今、世界の平和が核抑止システムで維持されているとすれば、火器の発明による戦争の限定というスミスの指摘が復活しているのかもしれません。しかし、核抑止による平和とはある意味では狂気の沙汰ではないでしょうか。唯一の解決策は世界的な社交性の実現でしょう。文明社会とは分業社会、交換システム、市場社会であって、ここでは交換が相互性の原理になっている。商業社会としての文明社会では、交換が原理であるから、愛も脅迫もいらない。繰り返される交換は（無数回の立場の交換を通じて）人びとの行動の洗練をも可能にする。暴力もいらない。市場での出会いは友好的な会話を生み出すでしょう。愛はよきものですからあってもよいのですが、交換は相手の愛に訴えるものではない。愛はえこひいきするものですから、愛が関係すると公正な交換が成立しなくなる。権利義務関係も交換に他なりません。交換社会としての近代社会は基本的にそういう構造になっている。個人が主体ですから、当然、法律的には人権保障の思想、権利義務の思想が発展する。

公権力はインフラストラクテュアを担う役割をもつことになってくる。公権力の担い手は市民＝国民の付託を受けているわけですから、責任を負っており、それが義務＝職務であって、職務違反は当然責任を問われる。中国などでは政府はいまだに脅迫を使うシステムですが、近代が浸透してくると、交換に移行せざるをえないでしょう。交換は基本的に平等な行為である。売買は相互が納得するから成立する。この交換社会は格差が大きいと機能しない。貧民は救済しなければならないし、その分、国家の役割が大きくなる。

交換社会に徳は不要か。市場に倫理はないのか。正義を徳と言うなら当然、必要であるということになりますが、正義を徳と言わないとしても、徳がなければ腐敗が起こるのは自然なことであります。自由、平等な社会で生きる人間に徳がなければ、富や権力をほしがる欲望にまけて公正なルールを侵犯する場合がある。それは日常的に私たちが知っている現実である。ルールがない場合は利権漁りをするのが常套である。ですから、よきものを守るには、法や強制力だけではだめで、徳が必要である。

私はヒュームとスミスを念頭に置いて、大体のところ、以上のよう考えてきました。ヒュームとスミスでは違いもある。ヒュームが腐敗は不可避であるが、制度によって比較的解消できると考える傾向があったのに対して、スミスはヒューム以上に腐敗を重視した。とくに権力欲による人間性の腐敗に強い懸念を抱いていたのがスミスです。

いずれにせよ、一八世紀の思想家たちは、原理的な認識において伝統思想、自由主義と共和主義の総合に到達した。人間論から道徳哲学、法学や政治学を経て経済学へとたどり着いた。したがって、経済学は総合命題である。倫理の課題も、法の課題も、政治の課題も経済学で受け止めて解法を示したのが経済学であると私は理解しています。これはマルクスの経済学批判の見解と一脈通じる点があるかもしれません。しかし、思想史の発展ということを考えると、後世の思想家は先人の遺産を継承し、それをさらに発展させようとするわけですから、ある意味では平凡な解釈かもしれません。そしてそれはまた通常、自然法思想のパラダイム・チェンジとして語られていることでもあるのかもしれません。

もちろん、啓蒙の総合命題としての経済学がそっくり現代に適用できるわけではない。学問は日進月歩します。ヒューム、スミスの経済学は批判され、現代経済学に至るまでの長い経済学や社会思想の歴史があるわけですから、こうした学問の歴史ももちろん重要な研究対象なわけです。しかし、近代が現代の基礎となっていることは否定できない。

したがって、現代において近代（の価値と思想）が続く限り、いつまでも啓蒙思想は参照されるであろうと思います。こういう言い方をするとおまえは近代を賛美する近代主義者かと言われるでしょう。もちろん、そういう面があることを否定するつもりはありませんが、そうとばかりは言えないと思っています。古代の遺産を私は全面否定するつもりもない。古代の遺産は普遍的な価値をもつ思想として参照されますが、もちろん限界や批判を招く部分もある。近代の思想もそうで、全面的に支持できるわけではない。

水田文庫の意義

最後になりましたが、水田文庫の意義について一言申して締め括りたいと思います。人文・社会科学系の学問にとって図書・蔵書は決定的に重要です。優れた研究者は知的拠点、優れた図書館を目指して集まります。あるいはそこでしか読めない草稿などの資料があるところに行って研究します。

ハーヴァード大学のクレス文庫の一部は開架の閲覧室に置かれていて、そこで自由に手にとって読むことができます。それはおそらく例外的なことで、貴重図書は請求しなければ読めない図書館が多い。日本の貴重図書の場合もそうです。私は方々探訪して研究するというレヴェルにまで至りませんでしたが、蔵書の意義は認識しているつもりです。

昨今、電子情報革命が席捲していますが、充実した図書の価値は依然として不滅で、強固な研究の基盤となります。その意味で、水田文庫は稀有な貴重書文庫として、たんに名古屋大学にとってだけではなく、わが国全体にとっての、また東アジア、さらには世界の思想史研究の拠点として発展するための重要な足がかり、基盤になります。水田文庫を基盤として、いっそう名古屋大学附属図書館が研究基盤図書館として、様々な企画を生み出し、思想史研究と文化への貢献をしていただくこと、そのことを期待して、締め括らせていただきます。ご静聴ありがとうございました。

注

（1）本章はあとがきに記すように、名古屋大学附属図書館での講演であり、水田洋氏の後に私が話し、最後に篠原久氏（関西学院大学教授）が話した。

（2）共に二〇一一年に私の監訳で出版した。フォーブズ、大倉正雄・渡辺恵一他訳『ヒュームの哲学的政治学』昭和堂、シュナイウィンド、逸見修二訳『自律の創成』法政大学出版局。

（3）その後、翻訳されていることが判明した。人民大学の胡霞准教授の教示による。

第四章　ポーコック思想史学との出会い(1)

はじめに

政治学会のこのシンポジウムにお招きいただきありがとうございました。私は経済学者の端くれですが、大学院の頃、いや学生のころから政治思想には関心があって、いくらか散漫な読書をしておりました。たいした読書家でもありませんから、もちろん、読んだものはわずかでした。

ですから、経済学に飽き足らず、政治思想史に関心をもったということではないのです。私は経済学史を主たる専攻とする可能性もあったのですが、言ってみれば、偶然の結果、結局、社会思想史というすこぶる「戦後的な学問」を専攻することになって、社会思想史とは何かを考えざるをえなくなりました。三〇年あまり前のことです。他の学問領域と比べて案外これは難問でした。社会思想史を社会の概念の歴史的変容の研究と定義することは可能ですが、それなら社会学の一分野ではないか。多くの大学では教養科目として社会思想史が設けられているが、京大などでは、なぜ経済学部に社会思想史が置かれているのか。それは戦後の民主化、戦争責任問題に関係があるという見解がありますが、もっと一般的には経済学を社会科学のなかに位置づけて理解する必要性に応える科目である。したがって、マルクス主義とウェーバーの受容が関係しているのかもしれないとも思います。

結論から言えば、経済思想史と政治思想史から知識を吸収しつつ、主に、その両方を関連づけて思想史の展開を研究する学問ということになったように思います。法や宗教も重要ですが、それも社会思想史という総合的な学問にとっては自由に摂取すればよいということだと思います。自由にということは恣意的にということではもちろんありませんが。

今回お招きいただいた趣旨は、ポーコックの大著の翻訳の（苦労）話をせよということでありますが、それはポーコックを語ることであるとともに、自分を、自身の学問を語ることにならざるをえませんから、少々脱線することをご寛容願います。

1　ポーコック思想史学との出会いとケンブリッジの伝統の形成

さて、今述べたこと、それはポーコックの方法でもあります。私がやっていることはポーコックの模倣なのかもしれません。彼もまた「政治」とは何かを問うていますが、「政治的なもの」を他から区別して、他を視野から排除して政治思想史を説いているわけではまったくありません。もちろん、法の価値が「権利と義務」であり、経済の価値が「富」であるのに対して、政治の価値は「徳と自由」であることを彼は明確にしています――このとらえ方は、明らかに、カール・シュミットの政治の定義と対立しています――が、しかし、最初から縦割りの政治思想史を設定しているわけではありません。彼の「トンネル史」はそのような政治思想史ではありません。これは重要なことだと思います。思想史研究は、そもそものような狭隘なものではありえないからであります。

彼は歴史のなかの人間の思想への関心を語っています。出版されませんでしたが、一九八八年に彼が初めて日本に来たときに簡単な「自伝」を書いてくれました。そこで強調されていたのはそういうことです。イデオロギー的な意図があるのではない。彼の研究の意図あるいは動機は思想の理解を目指すものだということでした。

ポーコックは政治を中心において歴史を見ているのですが、そのスコープ（射程、範囲）は非常に広い。私もまた少々広いスコープの歴史研究を目指してきましたが、私の場合は経済を中心に置いている。力量は別として、そこに差異があるかもしれません。

一九二四年生まれのポーコックと一九四九年生まれの私はちょうど二五歳違います。彼がケンブリッジで大学院生をしているときに私は生まれています。ニュージーランドからケンブリッジ、私は滋賀から京都。移動の距離は違いますが、学問の辺境ないし周縁から、アカデミズムの中心へ移動した点は似ているかもしれません。まあ、たいてい学者というものはそうですね。知の拠点を目指す。

しかし、バックグラウンドは大きく異なる。二五年の年齢差も大きければ、アングロ・アメリカの伝統が、そしてその根底には、西洋の文化があるポーコックと、極東の島国の田舎に戦後育った私とは、わずかな共通項しかない。そんなことは言わずもがなのことであります。しかし、悠久の歴史を想定するとき、彼と私は現代文明のなかで共通の問題を抱えているとも言えるわけで、あまり差異に拘泥する必要もないわけであります。

バターフィールド、ラズレット

彼は国際政治史の巨匠ハーバート・バターフィールド（Herbert Butterfield, 1900-79）やロック研究で画期的な成果をあげたピーター・ラズレット（Peter Laslett, 1915-2001）の影響下で研究を始めました。ヒューム研究で知られる、二歳年長のフォーブズもバターフィールドのゼミ生でした。[2] ヒュームを中心とするスコットランド啓蒙研究で著名なダンカン・フォーブズ（Duncan Forbes）は、一九二二年に生まれ、一九九四年に七二歳で亡くなったのですが、名前が示すように、彼はスコットランド系の研究者でした。この時期のケンブリッジでは、バターフィールドが大きな影響力をもっていた。一九三一年の『ウィッグ史観』以来、彼の名声ははるか海の彼方まで届いていた。とはいえ、彼はいまだ公然たるネイミア批判に乗り出してはいませんでした。

ラズレットの影響は戦後出てきます。ロックの草稿研究、ロックの蔵書の発見、ロックとフィルマーとの比較、『統治論』の形成の文脈の排斥法危機への位置づけ、『我らの失いし世界』(一九六五年)の研究に転じる以前の、こうした初期ラズレットの仕事が、コンテクストの重要性を教えたと思われます。ロック政治思想の形成を排斥法危機とフィルマー論争の文脈で把握するというラズレット-ポーコックの研究は、コンテクストの重要性を決定なものとしたのではなかったか。テクストとテクストの関係、論争の文脈は歴史的にしか解明できないという今日の常識がようやく形成されつつあったわけであります。

バターフィールドは一九四五年から四九年まで年平均二人の研究生を引き受けています。そのなかには、ピーター・ハーディー(Peter Hardy)、モス(W. E. Mosse)、ケーニヒスベルガー(H.G.Koenigsberger)といった人たちがおり、ジョン・ポーコックもそのなかにいたのです。[3] 十分に検証しておりませんから、もっと調べなければならないのですが、バターフィールドは、ナチスの登場とファシズムという時代経験のなかで、進歩の側に与するようになります。もっと言えば、シオニストであるとともに保守でもあったネイミア(Sir Lewis Namier)のプレゼンスが大きくなるにつれて、ウィッグ史観批判の立場から、次第に進歩史観の側に与するようになる。ただし、バターフィールドの進歩の思想は俗流マルクス主義のような単純な発展段階論ではなかった。こうした師匠の変化を見つめながら大学院生たちは研鑽を積んでいたと思われます。

ダンカン・フォーブズ

やがてフォーブズはケンブリッジの教員になりますが、それはおそらく彼の学位論文が優れていたからでしょう。フォーブズは、一九五〇年に、三〇歳までの大学院生の優秀な歴史研究に与えられるプリンス・コンソート賞（アルバート王子にちなむ）を授与され、その学位論文は『リベラル・アングリカンの歴史観』として一九五二年に出版されます。[4] 師匠のバターフィールドが『ジョージ三世、ノース卿、および人民、一七七九 - 一七八〇年』を出版した三年後のことです。ポーコックが『古来の国制と封建法』を出すのが一九五七年ですから、フォーブズは早熟でもあったと言えるでしょう。ちなみに、一九四七年一〇月から刊行され始める月刊の『ケンブリッジ雑誌』（*The Cambridge Journal*）[5] の巻頭論文は、バターフィールドの「我々の時代の苦境の省察」でした。この雑誌にフォーブズは数編の論文を公表していますが、少し後輩のポーコックが一編も書いていないのは、なぜなのでしょうか。

フォーブズはエクセントリックな行動で有名ですが、彼のゼミはケンブリッジにスコットランド研究の伝統を植え付けることになります。ジョン・ダンもクェンティン・スキナーもケンブリッジの学部三年次に、フォーブズが始めたスコットランド啓蒙の論文指導に接しており、それによって知的刺激を得たのです。こういう事実は、先年に亡くなったジョン・バローの回想[6]やブライアン・ヤング[7]のサーヴェイから知ったわけです。最近『アダム・スミス――啓蒙された人生』[8]を出版したフィリップスンもそこにいたらしい。そしてこれがケンブリッジにおけるスコットランド研究の伝統となっていくのです。ポーコック自身も初期にはフォーブズからスコットランドの思想史について学んでいます。

こういうなかでポーコックは『古来の国制と封建法』を出します。一九五七年です。フォーブズより五年遅れです。もっと早く書いていればポーコックはケンブリッジに残ったかもしれない。そうなっていたらよかったかどうかはまったく分からないことです。思想史の方法論集である『政治、言語、時間』を出すのが一九七一年です。一九五〇年代から六〇年にかけては、ラズレットのロックとフィルマーの研究が与えた影響が大きかったのですが、一九六〇年代になると、ケンブリッジにおいて思想史研究の方法の開発——文脈主義——に注目が集まります。この時期にスキナーがケンブリッジの教授となり、彼は思想史方法論とホッブズ研究に力を注ぐわけです。ホッブズとクロムウェルとの関係をめぐる、いわゆるエンゲイジメント論争が焦点となります。これは言って見ればラズレット-ポーコックのロックと排斥法の文脈的研究の継承でありました。（ちなみにオックスフォードのジョン・ロバートスンがスキナーの後任に決まったようです。ステッドマン・ジョーンズ[9]が間に入りましたが。ジョンは二〇一〇年一〇月一日に着任したはずです。これは妥当な人事だと思います。）

イデオロギーや思想を学問的に分析するにはどのようにすればよいのか。国際情勢も、政治も激しいイデオロギー闘争の時代であっただけに、思想、すなわちイデオロギーを客観的に分析する手法の開発が急務であったのかもしれません。オックスフォード大学での分析哲学に発する言語行為論の開発も、一面でそのような背景から理解できるように思います。ケンブリッジの歴史学も、分析哲学や言語行為論の影響を受けたのですが、形成された方法論は文脈主義とよばれるものでした。スキナーはウェーバーとオースティンを参照しておりますが、ポーコックは同世代のトマス・クーンの方法論に注目しています。(10)

MMの刊行

一九七五年に大著『マキァヴェリアン・モーメント』(以下MM)が出ます。私はホッブズで修士論文を書いたばかりでした。すぐには買わなかったように記憶しています。マキァヴェッリは関係があるけれども、当時やっていたホッブズ研究にとってさほど重要ではないと思っていたからかもしれません。当時はまだ洋書は高かった。お金もなかった。そのあと私はとくにヒュームとジョン・ミラーを介して、スコットランド啓蒙研究に導かれていきます。当時はむしろ「スコットランド歴史学派」と言っていました。ですからMMにすぐに飛びついたわけではない。むしろ、ベッカリーアを研究している堀田誠三氏などのほうがはやくに読んでいるのではないかと思います。いつだったかMMを話題にしたときに、「水田先生から読むように言われた」と言っていた記憶があります。

MMが刊行された頃に、ケンブリッジにはハンガリーから来たイシュトファン・ホント、カナダから来たロシア系のイグナティエフが加わります。彼らはスコットランド啓蒙のプロジェクトを開始するとともに、ケンブリッジにマルクス主義を改めて移植することになります。というのは、西欧マルクス主義の拠点はフランスとドイツであって、イギリスではなかったからです。イギリスのマルクス主義は独自の展開をしており、ドッブ、ポスタン、ヒル、ヒルトンなどに代表されるように歴史学と経済史が中心で、思想史的伝統とはさほど深くは関係しなかったように思われます。

一九三〇年代から四〇年代にかけてイギリスのマルクス主義は頂点に達します。スペイン人民戦線が知識人のコミットメントを促したのでした。この時期にアメリカからスウィージー、カナダからE・H・ノーマンもイギリスに来て、マルクス主義者と出会うことになります。二人は都留重人の友人でもありました。ノーマンはやがてマッカーシズムの犠牲になります。

こうした悲劇があったわけですが、スターリニズムの実態が暴露されていくにつれ、戦後のマルクス主義は急速に退潮していくわけです。そのようななかで、ミークなどはイギリスの経済学史にマルクス主義を導入します。マクレラン、トムスンなどもいますが、ケンブリッジのマルクス主義はそういうマイナーな伝統でした。

ですから、ホントはあらためてマルクス主義を導入したと言えるわけで、このことはホント自身が認めていることでもあります。WV（*Wealth and Virtue*）がM・M・ポスタン（ロシアからのエミグレ）に捧げられていることも注意したいことです。

私にとって、八〇年代に入ってからのことですが、スコットランド啓蒙、とくにミラーに照準を合わせて勉強しているときに、ポーコックの仕事が参考になった。マルクス主義をベースにしたミラー研究は飽き足らなかったのです。山﨑怜さんから導かれたミラーは、レーマンにしても教条的な社会学の祖という扱いで、ミラーの思想の本質を深くつかんでいるようには思えなかった。ポーコックの『古来の国制と封建法』は、封建制の廃止という問題に直面していたミラーの『階級区分の起源』と『イングランド統治史論』を理解するヒントとなったわけです。この時期に私は『マキァヴェリアン・モーメント』ではなく『古来の国制と封建法』を中心にポーコックに接したのでした。しかし、ポーコックの仕事の独創性に強く打たれましたから、八〇年代の私はポーコックの著作と格闘し、ほとんどすべてを読むことになります。八〇年代の半ばに、私はポーコックの仕事のサーヴェイを行ないました。

WV

その頃、スコットランド啓蒙研究で画期的な論文集、ホントとイグナティエフによる共編のWV、すなわち『富と徳――スコットランド啓蒙における経済学の形成』（*Wealth and Virtue*）が出ます。一九八三年のことで（水田洋、杉山忠平監訳、未来社、一九九〇年）、この論集にポーコックが寄稿していることは周知の通りです。これに我々のような経済学の成立に関心をもっているものは飛びつきます。当時、私はほぼ同世代の友人数名と近代思想史研究会と称する研究会をもっていましたが、そのなかのスミス研究者にこの本の書評を書くように勧めました。

「富と徳」の両立問題は以来、経済学者の最大の関心事となってまいります。この論集が重要なのは、多くの参加者をえたプロジェクトの成果だったことだけではなく、編者の二人がいまだ三〇代であったこと、自然法と共和主義と経済学の関係を本格的に取り上げたことなどです。「まえがき」はこう述べています。

「過去一五年間に生じたスコットランド啓蒙研究の復興がなかったならば、このような本は可能にならなかったであろう。とくにジョージ・デイヴィ、ダンカン・フォーブズ、ドヌルド・ミーク、ジェイムズ・ムア、ニコラス・フィリップスン、ジョン・ポーコック、アンドルー・スキナー、ドナルド・ウィンチの名と結びついたこの新しい研究は、スコットランドの法学、道徳哲学、経済学、およびそれらのスコットランドの地方文化と首都政治に由来する起源について、新たな総体的理解を可能にした。同時に、ホッブズとロックについての、また一六四一年と一六八八年、および一七七六年のブリテンの三革命の政治哲学についての、およびマキァヴェッリのシヴィック・ヒューマニズムのイングランドにおける新ハリントン的形態についての、新しい知見が、ヨーロッパの政治哲学、道徳哲学、および法哲学の主たる伝統の地図の上にスコットランドの経済学を従来にないほど明確に位置づけることを可能にした。本書はこれらの研究成果の検討の試みである。」

その中心問題は「スコットランド経済学の語法的骨格をなすシヴィック・ヒューマニズム的伝統と自然法的伝統とのどちらにより多くの比重が置かれるかという問題」でありましたが、多くの論者は自然法的伝統により大きな比重を置くことになります。

プロジェクトの参加者の名前を見ておきたいと思います。ホント、イグナティエフ、フィリップスン、ポーコック、ジョン・ロバートスン、ヴェントゥーリ、トマス・キャンベル、ジェレミー・ケイター、ジョン・クリスティ、ジョージ・デイヴィ、トマス・ディヴァイン（経済史）、ダンカン・フォーブズ、デイヴィッド・ケトラー（ファーガスン）、アラダール・マダラス、ロザリンド・ミチスン（経済史）、チャールズ・マン、アンドルー・スキナー（スミスやステュアートの研究）。論文執筆者のなかには、これ以外にT・C・スマウト（経済史）、ジェイムズ・ムア（ヒューム）、マイケル・シルヴァソーン（カーマイケル）、ピーター・ジョンズ、ジョン・ダン、デイヴィッド・リーバーマン（ケイムズなど法思想史）がいます。こうした参加者の大半の著作に私は親しむようになります。

「英国政治思想史センター」

続いて、ポーコックが『徳・商業・歴史』を出したのが一九八五年でした。奇しくもこの年にワシントンのフォルジャー・シェイクスピア図書館に「英国政治思想史センター」が設立されます。中心となったのは、ポーコックとショシェット（Gordon Schochet）でした。そこでのコンファレンスの報告集（Proceedings）全六巻と、幾冊かの論集がこれまでに刊行されていますが、二〇〇五年にはセンター二〇周年を迎え、「歴史、文学、理論における英国政治思想」と題した学会が開かれ、その報告集がスキナーの弟子のアーミテージによって編集されました。[11]このフォルジャーのセンターとケンブリッジの政治思想史研究集団が以後、今日に至るまで、車の両輪となって、英国政治思想史研究を牽引することになります。そして一九八六年には一八世紀スコットランド研究学会（ＥＣＳＳＳ）が最初の大会を開き、設立されますから、相互に刺激しあってきたと見てよいのかもしれません。エディンバラ、ヨーク、サセックス、スタンフォード、アバディーン、ラトガースなどでも、一八世紀イングランド思想史研究、スコットランド啓蒙研究の拠点形成が進んでいきます。

ＶＣＨ

『徳・商業・歴史』（ＶＣＨ）は、政治概念の変容を扱った論文集として、重要な論文を収録したものでしたが、私は後にこの翻訳を試みます（一九九三年）。それはわが学界が英米の思想史研究の水準をもっとよく知る必要があると思ったからにほかなりません。まだポーコックを読む人はわずかでした。「シヴィック・ヒューマニズム」は数名の間でしか話題になりませんでした。そうした状況でしたから、当時の日本では、第三部はあまりに専門的すぎると考えて、割愛しました。序文の方法論の難解さにはまったく辟易したことを思い出します。しかし、私はこうした作業を通じて研究者として鍛えられたと思います。ポーコックを読むことによって、私が得たものはきわめて大きい。それはたんに知識の習得に留まらなかったように思っています。

ロックの自由主義とカントリの共和主義

ラズレットのロック研究がポーコックに影響を与えたことはすでに述べた通りですが、革命後のイングランドにおけるロックの影響に関するポーコックの否定説は、大きな論争を引き起こしました。周知のように、MMの出版までは、ロックの自由主義は一七世紀末から一九世紀まで英語圏の主流であったという通説が存在していたわけです。イングランドに関しては右のレオ・シュトラウスと左のラスキやマクファースンによって提唱され、アメリカに関してはカール・ベッカーとルイス・ハーツがその代表格でした。我々の先生たちはみなそうした常識をもっていました。

ポーコックを支持したのはウィンチ『アダム・スミスの政治学』(一九七八年)[12]やトーリのクラーク[13]で、アメリカではバーナード・ベイリンとゴードン・ウッド、あるいはギャリー・ウィルズがロックの影響を否定ないし相対化し、カントリ・イデオロギーやスコットランド啓蒙の影響を重視します。ロビンズの『一八世紀のコモンウェルスマン』(一九五九年)は包括的すぎて、両方に影響を与えたように思われます。

ディギンズ、[14]クラムニック、[15]アップルビー[16]がポーコックに対立して、ロック自由主義の持続的影響を強調します。ポーコックはこう述べています。「ディギンズはある種のカルヴィニスト、クラムニックはある種のマルクス主義者、アップルビーは新ジェファソニアン」である。[17]

一九八六年にはアシュクラフトの重要なロック研究『革命政治とロックの『統治二論』』[18]が刊行されます。またポール・ラーエがイェールから共和主義研究にシュトラウス的な見解を持ち込むのが一九九二年から一九九四年にかけてです。[19]アシュクラフトのロック研究は、ポーコックのロック評価——孤立した思想家——の批判を意味する面があることは否めませんが、それ以上に、ブルジョア的思想家としてロックを把握するマルクス主義的なロック解釈を批判するものとして、ポーコックと同一の陣営に属します。

マルクス主義的アプローチをどう評価するかというのは、大きな問題であったと思います。マクファースンの『所有的個人主義の政治理論』、ハーバーマスとイーグルトンの影響は大きなものがありました。フーコーの影響もあったし、トムスンの影響も無視できなかった。文学理論や批評の分野で、ブルジョア・イデオロギー論が提唱された。歴史家たちは、このようなマルクス主義的分析を批判していきます。それが八〇年代からの一つの傾向でした。

もう一つの傾向は、バロンとポーコックの共和主義が中世の共和主義を無視しているという議論が登場したことで、ジェイムズ・ブリースからスキナーまでの研究が出ます。[20]しかし、これによってポーコックのMMとCH（シヴィック・ヒューマニズム）の本体が揺らいだわけではないと思います。

その後もケンブリッジ学派は次々と重要な成果を生み出している。最近に限っても、ポーコックの弟子のジョン・マーシャルのロック寛容論の研究（John Marshall, *John Locke, Toleration and Early Enlightenment Culture*, 2006）、ジョン・ロバートスンの『啓蒙の主張』（*The Case for the Enlightenment: Scotland and Naples, 1680-1760*, 2005）、ホントの『貿易の嫉妬』（Istvan Hont, *Jealousy of Trade: International Competition and Nation-State in Historical Perspective*, 2005、田中秀夫監訳、昭和堂、二〇〇九年）、ゴールディ、ウォクラー編『ケンブリッジ一八世紀政治思想史』（Mark Coldie and Robert Wokler eds., *The Cambridge History of Eighteenth-Century Political Thought*, 2006）などであります。その間に、スキナーの弟子の法思想史のデイヴィッド・リーバーマン、スコットランド啓蒙の基盤の歴史研究を掘り下げているコリン・キッドや、一七世紀イングランド共和主義研究のジョナサン・スコット、帝国を視野に置いたアーミテージの仕事などがあります。

2　MMを翻訳する

そうしたなかで、ポーコックのMMは最高傑作だと思います。先ほど述べたように、私はホッブズから研究を始めましたが、一九七五年にはMMを読む必要を感じませんでした。その出版自体は比較的早く知りましたが、通読するのは後のことで、まして翻訳をするなどとは思いもよらなかった。私は一九八三年から四年にかけて「ポーコック思想史学」に関するサーヴェイをしています。そのときにはＭＭをある程度読んでいます。そしてスコットランド啓蒙研究にシヴィック・ヒューマニズム（以下ＣＨ）を生かすことを考え始めていました。すでに述べましたが、一九八三年にはホント、イグナティエフ編の『富と徳』（ＷＶ）が出て、私と同じ問題設定であることを知りました。いわばその問題設定に同感したわけです。『富と徳』はスコットランド啓蒙における経済学の形成の文脈を問題にしたケンブリッジ学派の研究成果ですが、多くの寄稿者はＣＨより自然法を重視するという見解をとりましたが、ＣＨが提起した問題の重要性を否定してはいません。そしてそれ以前に、ウィンチが前述のように『アダム・スミスの政治学』（一九七八年）を著して、ＣＨの重要性を強調しています。

共和主義、ＣＨがスコットランド啓蒙にとって重要であるという見解はイグナティエフのものでもありました。今はカナダに帰って政治家（自由党党首）に転身していますが、ＷＶにおける彼のミラー論はそうした認識に立つものです。彼は *Needs of Strangers* でのスミスとルソーの対比において、市場自由主義者スミスと共和主義者ルソーという結論を鮮明にしています。そうするとスミスとミラーの断絶が強調されることになりますが、この師弟のあいだに連続性があることは明らかですし、スミスにＣＨの影響がないとは私には思えませんでした。こうした単純化は明快ですが、啓蒙思想家といえども、その思想の構成要素は相当複雑ですから、単純化すると不可避的に間違いを生みだしてしまうと思います。

一八世紀のスコットランドは合邦を選びますから、イングランドの名誉革命体制に深く組み込まれます。一七二〇年頃に始まるウォルポールの平和は金権腐敗政治でもあり、オーガスタン論争（一八世紀前半の政治経済論争）は富と徳、土地と商業、財政金融革命、常備軍と独立農民的民兵論の論争でもありました。徳と腐敗が深刻な問題として意識されます。スコットランドにおけるウォルポールの盟友は第三代アーガイル侯爵です。学問の愛好者であった彼は、五万人に恩顧を与えたとエマスンは言っています。こういうパトネジが有能な若者の登用に道を開いたのですが、時代が爛熟ないし閉塞するにつれ、結局は腐敗に繋がっていくように思われます。

ヒュームが人間本性に欠陥を見たのは、こうした文明化のさなかにあって、上流階級の堕落、民衆の熱狂や狂信、モブ、はたまた欲望に駆り立てられる様々な人間を見ていたからだろうと思います。しかし、ヒュームはまた商業の普及によって、社会の改善と人間の向上が可能になると洞察してもいました。『政治論集』で政治にもまして経済に力点を置いて論じたのはそのためでした。

スコットランドが商業社会に向かって発展し、富裕になるにつれて、徳が失われ、腐敗が進行していき、文明社会の危機意識が醸成されてきます。ファーガスンなどは体制に組み込まれますが、そういう意識が強い思想家でした。ルソーと階級的基礎は隔たっていますが、二人はよく似た問題意識をもちます。ともにCHにコミットした思想家です。ですから富と徳、富裕と腐敗の問題は、ジュネーヴ市民、共和主義者ルソーの問題でもありました（ルソーのこのような側面については川合先生の研究が浮き彫りにしています）[21]が、まさにスコットランド啓蒙の大きな主題となりました。豊かになりつつ有徳であることはいかにすれば可能なのか、あるいはそれはそもそも、無理なのか。無理だとすれば、腐敗は社会の崩壊につながるであろう。社会全体に腐敗が広がらないためにはどうすればよいのか。腐敗・堕落は防ぎようがないのか。道徳教育によって強固な正義感をもった人間を養成できないだろうか。市場自体が正義を教えるのではないか。

こういった問題が、論争されたわけです。富と腐敗、利己心と公共精神の問題は、今なお、我々が直面している問題でもあります。

いささか遠回りになりましたが、MMの苦労話を話しますと、文章がそもそも難しい。きわめて内容の濃い、複雑な文章が続きますから、論旨を理解することが大変である。動員されている史実の範囲が膨大で、著者の知識の該博さを物語っていますが、加えて、用語の多義性にも悩まされました。そもそもCHをどう訳すべきか自体が、難問でした。著者が意図的に難解に書いていると述べていることは、ご覧になった方はお気づきだと思います。

最初の三章の概念枠組みの理解が容易でない。ヨーロッパの古代・中世哲学から近代思想までを視野に入れたうえで、MMとは何かを分からせるための概念装置が提示されているのですが、結局、冒頭三章と以下とを繰り返し相互参照しないことには容易には理解できない内容となっています。著者と訳者の知識、教養の格差が大きいものですから、これを訳すためには、訳者は猛烈な勉強を強いられたと言っても過言ではありません。着手から完成まで五年ほどかかったと思います。五五歳くらいのときに始めて、私はすでに六〇歳近くになります。他の二人は、今、五〇歳前後だと思います。学界である程度経験を積んだ年齢だったからできたのであって、もっと若かったらできなかった。私の場合は『徳・商業・歴史』の翻訳の経験がありました。MMの刊行の一五年前のことです。この一五年間はある意味でMMを翻訳するための準備期間であったとも言えるかもしれません。

分析対象は政治、法、宗教、経済、哲学、歴史にわたり、イタリアからイングランド、そしてアメリカへとナラティヴは展開します。哲学は森岡、イタリアは森岡と奥田ということにならざるをえない。イングランドとアメリカは私の役目でした。私にはアメリカへの関心はあまりなかったのですが、カロライナのジョン・テイラーへの関心がかき立てられたことは確かで、今ではテイラーの書物は大体揃っています。

ケンブリッジ学派の方法論は文脈主義と言われていますが、ポーコックの場合は、それに加えて、言語の政治学とも彼が言うように、パラダイム論の意識的援用という面をもっています。思想像の転換が問題になっています。世界理解の様式の変化ということです。ですからヘーゲルなどの哲学者が理論的にやろうとしたことを、歴史的にやろうとしているのがポーコックであると言えるかもしれません。あるいはウェーバーに近いのかもしれません。

重要なのは、MMあるいはCHがイタリアからイングランド、そしてアメリカへと受け継がれていくその変容の歴史を、それぞれの地域の伝統＝所与の思想との関係に注目して（イングランドなら黙示録的、慣習法的、あるいは農本主義的伝統、また伝統的な国制論、すなわち混合政体論などと共和主義の出会いという具合に問題設定して）解明したことだと思います。一八世紀となると商業との関係が重要にならざるをえない。政治学や法学の周辺に経済学が形成されてくる文脈を当然に問題にせざるをえなくなります。

MMの功績は多々あると思いますが、その一つはオーガスタン論争の構造と意義を解明したことです。経済学はオーガスタン論争の総括としてイングランド、フランス、とりわけスコットランドで成立します。イタリアでの経済学の形成は、フランスの重農主義との関係が重要ですが、そのトピックはMMでは扱われていません。CHの旅をアメリカまで追うことに課題が設定されているからです。鉱脈がないというのではない。どの鉱脈を掘るかは研究者に委ねられていますから。ポーコックはイングランドからアメリカへ伝わる鉱脈を掘ったわけです。そのような限定された主題のもとで展開されているわけで、MMは限定された思想の持続と変容の歴史研究なわけです。焦点にあるのが、共和主義という思想の世界理解の解明です。それを哲学的に、あるいは理論的に突き詰めていくのではない。モデル＝仮説＝理論は設けますが、理論の形成を歴史との関係で説明し、その理論が、環境の変化する場所でどのように変容するかを分析する。テクスト分析、概念分析を通じて、説明する。それがポーコックのMMの方法です。

マキァヴェッリの邦訳全集とグイッチャルディーニの邦訳が参照できたのは大いにたすかりました。近代のテクストは、古典的な著作も含めて多くはいまだ邦訳がありませんから、九章以下が楽だったというわけではありません。相互に訳稿を読むことで、ずいぶん多くの誤訳が修正されました。訳語の統一も大変でした。索引の作成も相当詳細にやりましたが、きりがないので中断したというのが、事実です。MMの凄さは翻訳して改めて認識しました。徳と政体、国家の関連をめぐる著作として、近代ヨーロッパ思想に関する最高傑作である。それまで歴史のなかにうずもれていた、CHの析出の画期的な著作である。社会の不安定性との絶えることのない奮闘の歴史が描き出され、文明の腐敗への先鋭な批判が共和主義の思想として受け継がれてきたわけで、その歴史が抉り出されている。そのような意味では変動と腐敗が繰り返されている現代社会を考える上でも、参考になります。

MMへの批判はいろいろありますが、これほど刺激的で優れた著作は容易に現れないと思います。政治、経済、法、歴史、そして哲学、宗教に関してヨーロッパとアメリカに関心をもつ人の必読文献であると思います。ケインズの『一般理論』より凄い本だと思います。『国富論』に匹敵すると言えばひいきの引き倒しでしょうか。フーコーは人気ですが、MMももっと読んでほしいと思っています。

訳者は経済学者ですが、内容から判断して、我々が訳を行なったのは不適任でもなかったと今では思っています。マルクスとウェーバーを学んだあと、私は一七世紀のホッブズとイングランド革命思想から研究に入っています。そして一八世紀に転じ、スコットランド啓蒙をやってきました。同時にまたイングランド共和主義にはかねてから関心があった。キャロライン・ロビンズ――LSEのライオネル・ロビンズの妹――の『一八世紀のコモンウェルスマン』を愛読していました。またポーコックの仕事はスコットランド啓蒙の研究を進める上で、非常に大きなヒントになった。私はその後、スコットランドの共和主義の展開を跡づける論文も書いています。「スコットランドにおける共和主義の伝統とフランス革命論争」です。(22)

こういった研究歴ですから、MMの訳者としては、最適任ではないにしても、不適格ではなかったかもしれません。MM二〇〇三年版の「あとがき」を訳したことも影響があったのかもしれませんが、私はこの間、次第にアメリカ共和主義、アメリカ啓蒙に関心を深めてきました。とくにスコットランド啓蒙との関係が気になってきました。その種の本が最近たくさん出るようになったことも影響がありますが、遡ってアメリカ啓蒙研究の基本文献にあたってみると、アメリカとスコットランドの辺境・周縁としてのある種の共通性と影響関係が見えてきたわけです。そういうわけで、俄然面白くなって、あれこれと文献漁りをしました。こうして私は未刊の『アメリカ啓蒙の群像』を二〇〇九年にまとめ上げました。MM刊行後最初の大きな仕事です。それはスコットランド啓蒙とアメリカ啓蒙の影響関係の研究ですが、「出版の緊急性なし」

という理由で出版助成に採用されませんでした。私の認識では、オバマ政権が成立した今、出版することに緊急性があったのですが、審査委員は鈍感だったと思います。もういちど出版助成に申請したいと思っています[23]。

MMの最大の貢献は、近代の共和主義を描き出したことです。古典共和主義の復活と変容の歴史を見事に浮かび上がらせた。細部にはいろいろ議論があることは当然のことです。共和主義は過去の遺物というわけでもない。現代のイッシューでもある。それは過去二〇～三〇年の思想史研究、現代政治哲学、憲法論、市民社会論のトピックに影響を与えてもいます。共和主義精神とは何か。情報化、グローバル化が激しく進んでいるなかで、公共性あるいは新しい公共性を考えなければならなくなっていますが、そのときに共和主義を参照することが必要になってきている。今日ほど市民の概念が重要になっている時代はかつてなかったかもしれません。人は自らの帰属を最初から選べない。ある時代のある社会なり、ある家庭なりに生まれ落ち、所与の社会で成長するわけですが、自分がこうして帰属することになった社会や国家をそのまま受け入れることができれば問題がないのですが、しばしば受け入れがたい社会や国家であることもある。そうしたとき、国を捨てるか変革するか。共和主義は変革を目指します。

普遍的な理想的な市民社会があれば、それに帰属して生きることもできるのですが、それは当分の間、ユートピアであるほかない。共和主義は本来、個人と共同体を根源的に考えることを促す思想であります。人は自ら生まれ落ちた、選択できない社会をよい社会に変革すべく試みることはできる。国家を望ましい構造のものに変革することを試みることはできるわけで、そのような主体性の思想を共和主義という。自分の国を自然の所与として絶対化する思想ではない。ですから他の国と比較し、冷静に自身の国を評価することも可能である。現代の共和主義は一方では世界共和国を目指すことを必要としている。しかし、地域社会の公共性、国家の公共性にも関心をもたねばならなくなっています。共和主義は多元化してきているのではないか。また多元化するのが望ましいのではないか。国家の次元にのみ限定される必要はもはやない。

個人としてまた公共的存在として、いずれにしても人間は、いろんな組織や共同体に属して生きるわけですが、よい人生を生きることは永遠の課題です。その課題に目を向けさせてくれる思想が、共和主義である。共和主義には卓越主義的な要素がそもそもある。「よく生きる」ということは、個人のレヴェルでも可能な努力を期待するものです。手の届かないほどの卓越を目指すことは必要ではないが、よい仕事を目指すことの意味を否定する人はいないでしょう。

私の意識している研究対象には、自由主義、スコットランド啓蒙、経済学の形成などがありますが、共和主義はどの対象にも浸透性をもっている興味深い伝統であると思います。スコットランド啓蒙における共和主義の伝統は経済学の形成にも関連していますが、アメリカ啓蒙を自由主義と共和主義、さらにはスコットランド啓蒙との関係で見ていくと、面白いと思っています。今は中断していますが、そんな仕事をしたいと思っています。

注

（1）二〇一〇年一〇月一〇日、日本政治学会分科会報告（中京大学）。シンポジウムの他の報告者は、山田園子さん、吉村伸夫さん、松本礼二さんで、司会は犬塚元さんであった。

（2）ポーコックと同年生まれのE・P・トムスン（一九二四―九三年）もこの時期にケンブリッジにいた。

（3）C. T. McIntire, *Herbert Butterfield*, Yale U. P., 2004, p. 136.

（4）「リベラル・アングリカン」（自由主義的国教徒）とはラグビー校の校長として有名なアーノルド（Thomas Arnold, 1795-1842）、ナッソー・シニアの経済学の後継者であるウェイトリー（Richard Whately, 1787-1863）、コールリッジの弟子で、ニーブール『ローマ史』の訳者であるヘア（Lilius Charles Hare, 1795-1865）、『ギリシア史』の著者で牧師のサールウォール（Connop Thirlwall）、オックスフォード大学詩学教授でセント・ポール寺院長となったミルマン（Henry Hart Milman, 1791-1875）、アーノルドの弟子でウェストミンスター寺院長スタンリー（Arthur Penryn Stanley, 1815-81）からなるグループを指す。このグループを対象にして、フォーブズは、二〇代のこの書物で、一八世紀の啓蒙への反逆という時代の流れのなかで、彼らがどのような歴史観を形成したのかを、新鮮な感覚で描き出した。

（5）これはその後、極東書店が復刻した。

（6）John Burrow, “Duncan Forbes and the history of ideas: an introduction to ‘Aesthetic thoughts on doing the history of ideas’.”, *History of European Ideas*, 27, 2001, p. 98.

（7）B. Young, “Enlightenment Political Thought and the Cambridge School”, *Historical Journal*, 52-1, 2009, p. 237.

（8）Nicholas Phillipson, *Adam Smith: An Enlightened Life*, Penguin and Yale, 2010.

（9）ジョーンズの主著には邦訳がある。長谷川貴彦訳『階級という言語　イングランド労働者階級の政治社会史　一八三二年―一九八二年』刀水書房、二〇一〇年。

（10）一九七〇年前後にはそうした文脈主義、言語の政治学（パラダイム論）の方法の産物として、大きな研究成果が生まれていた。ジョン・ダンのロック研究（John Dunn, *The Political Thought of John Locke*, 1969）、フォーブズのヒューム研究（Duncan Forbes, *Hume's Philosophical Politics*, 1975）、そして巨匠ポーコックの名著『マキァヴェッリアン・モーメント』（J.G.A.Pocock, *The Machiavellian Moment*, 1975、田中秀夫、奥田敬、森岡邦泰訳、名古屋大学出版会、二〇〇八年）、スキナーの『近代政治思想の基礎』（Quentin Skinner, *The Foundation of Modern Political Thought*, 1978、門間都喜郎訳、春風社、二〇〇九年）などである。

（11） David Armitage ed., *British Political Thought in History, Literature, and Theory, 1500-1800*, Cambridge: Cambridge University Press, 2006. 二〇〇九年の夏に来日した彼が熱心に語ったのは「シェイクスピアの政治思想史研究」についてであった。すなわち、文学史と政治思想史の相互乗り入れが盛んな時代になってきているのだと熱く語っていたのが印象的だった。

（12） Donald Winch, *Adam Smith's Politics*, Cambridge U.P., 1978. 永井義雄・近藤加代子訳『アダム・スミスの政治学』ミネルヴァ書房、一九八九年。

（13） J. C. D. Clark, *English Society, 1688-1832*, Cambridge, 1985.

（14） John P. Diggins, *The Lost Soul of American Politics: Virtue, Self-Interest, and the Foundation of Liberalism*, New York, 1984.

（15） Isaac Kramnick, *Republicanism and Bourgeois Radicalism*, Cornell U.P., 1990.

（16） Joyce Appleby, *Economic Thought and Ideology in Seventeent-Century England*, Princeton, 1978.

（17） Pocock, "Between Gog and Magog: The Republican Thesis and the Ideologia Americana," *JHI*, 1987.

（18） Richard Ashcraft, *Revolutionary Politics and Locke's "Two Treatises of Government"*, 1986.

（19） Paul Rahe, *Republics, Ancient and Modern*, The University of North Carolina Press, 1992-94.

（20） Quentin Skinner, *The Foundations of Modern Political Thought*, 2 vols., Cambridge: Cambridge U.P., 1978. James Blythe, *Ideal Government and Mixed Constitution on the Middle Ages*, Princeton: Princeton U.P., 1992. James Hankins, *Renaissance Civic Humanism*, Cambridge: Cambridge U.P., 2000. Cary Nederman, *Medieval Aristotelianism and Its Limits*, Aldershot: Varorum, 1997.

（21） 川合清隆『ルソーとジュネーヴ共和国』名古屋大学出版会、二〇〇七年。

（22） 田中秀夫・山脇直司編『共和主義の思想空間――シヴィック・ヒューマニズムの可能性』名古屋大学出版

会、二〇〇六年。

(23) これは日本学術振興会の出版助成を得て、二〇一二年の初頭に出版できた。

第五章　戦後啓蒙、市民社会論とケンブリッジ思想史研究

1　思想史研究の現状

ケンブリッジ大学を拠点とする思想史研究（中心は政治思想史であるが、社会思想史的な広がり（Scope）をもつのが特徴である）は、一九六〇年代にラズレット（Peter Laslett）、ポーコック（J. G. A. Pocock, 1924-）、スキナー（Quentin Skinner）、ダン（John Dunn, 1940-）などによって刷新され、一九六〇年代の末から新しい思想史研究のスタンダードを形成してきた。[1] それは今日国際的な影響力をもっている。とりわけ、スキナーの論文「思想史の意味と理解」（一九六九年[2]）は画期的な方法論として受け止められ大きな反響を引き起こした。彼らはコンテクスト主義を共通の方法として採用しているが、それはテクストを意図、背景、外部との関係で理解するもので、テクスト主義に対立する。インターナリズムよりエクスターナリズムに近いものの、コンテクスト主義は通俗的マルクス主義のような還元論ではない。コンテクスト主義は要するに歴史的分析の精緻化である。

コンテクスト主義は、テクストそれ自体を直接に分析して理解することを全面否定するわけ

ではないとしても、それで理解できるのは一部に過ぎず、テクスト主義的分析ではおよそ十全にテクストを理解することは不可能だという了解をもっている。それはテクスト主義がしばしば依拠する分析哲学の手法を排除するものではないが、分析哲学的言語分析を自己充足的なものとは見なさない。またテクスト分析においてオースチン以来の言語行為論の成果を援用することを否定しないけれども、それで充分だとは見なさない。歴史的なコンテクスト抜きにはテクストの正しい理解は不可能であると考えるのでる。

思想史に関係する他の学問的な潮流においても、一九六〇年代には新しい展開が見られた。例えば、イングランドではマルクス主義の一定の新しい展開も見られ、レイモンド・ウィリアムズ（Raimond Williams）の文化と思想の研究やE・P・トムスン（E.P.Thompson）などの民衆思想史が注目すべき成果をあげており、それはやがてカルテュラル・スタディーズへと展開を見せる。また同じ時期にフランスでは、一方ではアナール派の華々しい歴史研究と、人類学、言語学、精神分析学、象徴分析、経済学、社会学など多くの分野にまたがる構造主義からポスト構造主義へのさらに派手な展開が見られた。ハーバーマスの活躍も同じ頃に始まった。

ケンブリッジ大学を拠点とする思想史研究とアナールの社会史研究との間には、一種の並行現象が見られるように思われるといえば、ケンブリッジの過大評価であろうか。それにくらべれば、哲学の伝統の強いドイツにおける、例えばフランクフルト学派の業績は、哲学はしばらく措いて、思想史に関していえば、ハーバーマスの名声にもかかわらず、総体としては、必ずしも目立たないように思われる。それは学派の業績が哲学的で抽象的であるということによるとともに、現代に力点を置く傾向が強いことにもよるであろう。

アメリカでは多種多様で、斬新、意欲的な研究が膨大に見られるが、この両集団のようなアプローチの一体性は見られない。現代思想における「社会研究のニュー・スクール」New School for Social Research、ラヴジョイやボアズ以来の伝統をもつジョンズ・ホプキンス、ハーヴァード、デューク、シカゴ、ラトガース、スタンフォードなどの諸大学は重要な研究者と研究成果を輩出してきたが、それぞれはケンブリッジやアナールほどの学派的共通性もなく、まして学派というのは適切ではないであろう。ワシントンの「フォルジャー・シェイクスピア図書館」Folger Shakespeare Library の付設研究所（Folger Institute）の研究プロジェクトにはケンブリッジとの連携が見られるが、しかし、これもまた学派というべきものではない。ただし、シュトラウスとその弟子たち（シュトラウス派）は例外的に学派に近いものを形成している。[3]

重要なのは、それぞれの拠点をもつ研究集団は今では相互に影響を与えながら、歴史・思想史研究をダイナミックかつ精緻に推進しているということである。とはいえ、ケンブリッジ思想史グループとアナール学派が交流するのはずっと遅れてからのことに過ぎないし、部外者には、いまだ交流は始まったばかりという印象があるのも確かである。

他方、わが国の西欧思想史研究はダイナミズムを欠いているという印象がある。そうだとすれば、そのことはわが国では思想史研究のメジャーな拠点形成ができなかったことと関わるであろうし、人文社会科学系の大学院への資源の投入の乏しさ、さらにはリベラル・アーツとしての教養軽視の風潮に根ざしているように思われる(4)。研究環境は厳しいけれども、アナールやフランクフルト学派、あるいはアメリカの公共哲学などへの関心と同じく、ケンブリッジの思想史研究に現在わが国の研究者は強い関心をもっており、多くの研究者が熱心にその成果をフォローしている。

わが国の学問的文脈にあっては、構造主義やポスト構造主義、アナール学派の社会史とともに、ケンブリッジの思想史研究は、マルクス主義の方法的な後継者としての役割を果たしているのではないだろうか。戦後日本の社会科学を主導したマルクス主義は、機械的な図式的思考に陥る傾向によっても、またイデオロギー的にも、没落を余儀なくされた。社会主義の没落は決定的にマルクス主義の力を奪った。

マルクス主義の対立物はポパー流の方法論的個人主義であり、それはより精緻な社会科学の方法を提供するかに見え、思想史もその方法を吸収しようとしたが、それにも限界があった。原子論たらざるをえない方法論的個人主義もまた理論的、抽象的という限界とともに機械的という限界をもっているから、社会分析、歴史分析、思想史分析にはより緻密な方法が必要であることが早晩明らかとなったからである。けれども、それが一定の役割を果たしたことは否定できない。すなわち、ポパーから始まりトマス・クーン（パラダイム論）やラカトシュに受け継がれた科学哲学の方法論の模索は、哲学的分析や言語行為論とともに、マルクス主義に代わる社会分析の方法を育てることに寄与し、スキナーとポーコックの文脈主義、言語の政治学を生み出すことになった。これもまた言語論的転回の一つであった。

わが国においては、ウェーバーの方法論も、マルクス主義ほどではないとしても、思想史研究において重視され、頻繁に援用されてきた。ウェーバーの傑作『プロテスタンティズムの倫理と資本主義の精神』(一九〇四年)や宗教と経済の関係に注目する比較宗教社会学の方法は、経済史においてのみならず、思想史においてもしばしば参照された。少なくとも一九七〇年代まで、わが国のマルクス研究の水準もウェーバー研究の水準もきわめて高く、それが思想史研究に大きな影響を与えていたと思われる。けれども、近年ウェーバー方法論の思想史への援用は格段に少なくなっている。

こうして、今では、マルクスとウェーバーの方法に替わるものとしてのケンブリッジのコンテクスト主義について語ることができるのではないだろうか。また実際にケンブリッジの思想史研究の方法は、従来の思想史方法論を乗り越える方法的総合という性格をもっていると思われる。そしてそのことは戦後啓蒙と市民社会論の終焉とではなく、その継承と発展という文脈に関係があるように思われる。

戦後啓蒙(5)を代表する社会科学と市民社会論がどのような特徴をもっていたか、戦後啓蒙の思想史の遺産はどのようなものであったか、ふり返ってみよう。

2　戦後啓蒙の思想史研究

一九六〇年代末の日本の思想史研究は、戦後に復活したマルクス主義に立脚するものが圧倒的に優勢で、ブリテンやフランスにおけるような新しい方法論の登場による刷新などはなかった（高島善哉、内田義彦、河野健二、水田洋、その他）。マルクス主義を方法とするこの時期の知識人は、依然として、資本主義は富の唯一の源泉である労働を搾取する不正な社会で、正しい社会は労働に応じて取得する社会主義であると考える傾向が強かった。

他方、大塚久雄とその弟子たち（戦後日本において彼らの歴史研究は大塚史学と呼ばれて宇野派と対抗したが、宇野派とともに一九八〇年代頃から急速に衰退し解体した）が典型であるが、マルクス主義そのものというよりは、「マルクスとウェーバー」という方法意識を掲げた人たちもあった。内田芳明や山之内靖などがその代表である。ここでは社会主義はさらに相対化され、社会主義をも蝕んでいる官僚制化が批判の対象として意識され、近代化の原理としての合理主義的市民的勤労の倫理、近代社会を形成する近代人のエートスが強調される傾向が強かった。

マルクス派も大塚史学などの近代派も、ともに一括して戦後知識人と呼ばれた。そして戦後の思想史研究は、法学部、経済学部、文学部、人文社会科学関係の研究所等に所属する研究者によって、それぞれ若干のニュアンスをともないつつ遂行された点に、日本の特徴がある。しかし、概して今述べたように、多くの場合マルクス主義を基盤とするという点で共通点があった。言い換えれば、一九六〇年代までの戦後啓蒙——戦後啓蒙は学園紛争で終焉する——はマルクス主義で始まった。そして戦後啓蒙全体への西欧の影響は圧倒的で、フランクフルト学派とフランスの実存主義から構造主義を中心とする西欧マルクス主義の影響はきわめて大きかったように思われる。

ただし、マルクス主義に意識的に依拠しないという傾向も他方では存在した。とくに政治思想史においてはそのような傾向があった。例えば、戦後の政治思想史研究を代表する丸山真男の場合、英国経験主義とウェーバーやマンハイムなどのドイツの思想史的伝統を批判的に摂取しつつ思想史研究の方法と視座を構築したが、それは経済決定論的傾向の強いマルクス主義への無関心ではなく、関心があるがゆえの、意識的な、マルクス主義ではない立場・方法の構築であった。丸山は旧制高校時代から大学生の時期にマルクス主義文献に相当深く接触しており、学問の方法としてのマルクス主義を習得していた。やがて、七〇年代以降、この丸山のような立場が、有力になる。丸山とは違って、本質的にマルクス主義者であったと思われる、ピエール・ベールの翻訳と注釈・研究に特化していった野沢協の超人的な仕事、日本のファシズムに全力で取り組んだ藤田省三の仕事も、安直なマルクス主義の援用でないことはいうまでもない。

もちろん、このような概観は充分なものではない。より細かく見れば、清水幾太郎のように左から右へと急旋回した知識人もいれば、生松敬三のように欧米の思想潮流に敏く、紹介に徹するタイプもあったし、プラグマティストとして一貫した鶴見俊輔と『思想の科学』グループもあったから、思想史研究の立場には相当の多様性があった。反ファシズムをモチーフとした羽仁五郎『ミケランジェロ』（一九三九年）は、ミケランジェロの生涯を描いて、自由都市フィレンツェ市民の自治と独立を謳歌するもので、この当時も今もわが国には稀な、共和主義的市民社会思想の表明であった。ルネサンス研究に軸足をもつ林達夫、「人民戦線」の思想を追究した久野収なども、ある種の市民社会派と考えることができるであろう。さらに竹内好、桑原武夫、加藤周一、吉本隆明、山口昌男などがアカデミズムを超えて大きな影響力を発揮していた。(6)

それでは、戦後啓蒙においては、マルクス主義対、非マルクス主義という対立が機軸だったかといえば、おそらくそうとは言えない。なぜなら、両派の有力な論者たちは、いわゆる「市民社会派」(7)を形成したからである。丸山、大塚、内田を代表とする市民社会派の学問は、程度こそ様々であるが、マルクスとウェーバーを共通の素養とするとともに両者の方法を重視し、(8)イギリスの政治学と経済学やフランス啓蒙から近代化、自由主義、民主主義の思想を引き出していた。丸山と内田は、大塚久雄や川島武宜とともに、市民社会派を代表し、高島善哉、小林昇、(9)河野健二、水田洋、平田清明なども市民社会派と見なしてよい。むしろ戦後一貫して、この時期までの日本の思想史研究は市民社会派がリードしてきたということができるであろう。

市民社会派は日本の諸問題を意識しつつも、西欧近代を直接の研究対象とするという特徴があった。市民社会派は西欧近代が生み出した（相対的に自由で平等な社会としての）市民社会と市民社会の理論を究明し、わが国に未確立の市民社会を確立することを目指していた。西欧近代の市民社会は平等で自由な社会として丸ごと理想化されることはなかったが[10]、しばしば理想化していると誤解された。

3　総合命題としての市民社会論

上述のように市民社会派は一握りどころか、相当大きな広がりがあったと私は考える[11]。市民社会派の思想的源泉はホッブズ、ロック、ヒューム、スミスなどの英国経験論[12]、自然法思想、ヘーゲルからマルクス、ウェーバーへと展開されたドイツ思想、モンテスキュー、ヴォルテールやルソーなどのフランス啓蒙と文明批判の思想などであったが、英米流の自由民主主義（liberal democracy）の批判的摂取にいくぶん力点があったように思われる。市民社会派は社会主義革命にもましてヨーロッパとアメリカの市民革命の研究に関心を示した。市民社会派の思想的源泉がこのように多様であることは、その思想にニュアンスと曖昧さをもたらす傾向ともなったが、自由民主主義への志向という緩やかな共通性によって学問的連帯感が生み出されていたことが重要であるように思われる。

多様な思想的源泉をもちながら市民社会派としての共通性をもつという意味で、市民社会派の市民社会論はある種の（人権論、自然法思想、経済学、啓蒙思想、マルクスとウェーバー等の、あるいはもっと要約して政治と経済の）緩やかな総合命題であった。戦後日本の思想史研究がもたらした最良の遺産はこの総合命題としての市民社会論であり、それ以外に今なおアクチュアリティをもちつづけている遺産があるかどうか疑問である。

市民社会派は、敗戦によって打ちのめされた戦前の半封建的、軍国主義的、絶対主義的な日本社会――それはそれ自体が、列強がアジアに植民地支配を迫ってきた国際環境のなかで、貧窮と後進性を自覚した明治から昭和の国家形成者、為政者とイデオローグが、列強に追いつかんとして追求した国家戦略、富国強兵戦略と忠君愛国思想の産物であった(13)――を改めて思想の次元で否定、克服し、自由で民主的で豊かな社会の主体的な形成を価値理念として掲げた。思想史研究自体もそのような価値への迂回的な貢献として位置づけられた。そのような意味で、この市民社会派の市民社会論は、戦後日本の独自の産物であった。市民社会派を緩やかな知識人の連合体として生み出したものは、戦後の時代背景であり、対米従属関係と冷戦構造のもとに組み込まれているという自らの後進性と従属性の自覚であった。とすれば、経済成長と冷戦構造の解体、対米従属観の希薄化、政治的成熟によって、この後進性の自覚が消失するとき、市民社会派は没落の危機を迎えるであろう。

市民社会派の総合命題は、しかしながら、日本の伝統の継承には無関心であった。そもそもそれは日本的なるものの批判と否定から出発していたから、当然の帰結ではあった。確かに、理念としての市民社会の形成、実現にあたって、日本の伝統に生かせるものがないかを模索する関心も少しは見られた（丸山真男、内田義彦）が、総じて、依拠するに足る、継承すべき伝統を見出すことができなかった点に、学問的、思想的、文化的弱点があった。[14]何もかも外来の道具からなる体系は、それ自体が異質性という限界をもつであろうし、土着化の努力が自覚的に行なわれない限り、脆弱たらざるをえないであろう。その努力は晩年の内田義彦が自覚的に追求していたものである。[15]

内田は市民社会青年という概念を設定して、明治以後の社会思想にその人間類型を析出しようとした。社会変革の担い手となった人間類型の析出という問題意識に発する研究であるが、そのような視点はマルクス以上にウェーバーが教えた。内田はその視点を大塚から学んだように思われる。[16]一方、内田の友人でもあった丸山は、よく知られているように、徳川政治思想のなかに、国学ではなく、儒学、朱子学、とりわけ徂徠学に、内発的な近代化の契機を模索した。[17]丸山も、内田も、克服すべき負の遺産を重視したが、継承すべき内発的な市民社会形成につながる要素を伝統社会のなかに見出せない限り、戦後の地に足のついた市民社会形成は困難であるという認識をもっていたように思われる。けれども、丸山も内田も、市民社会形成の基盤になるような信頼しうる強い伝統を徳川から戦前までの日本社会に見出すことが困難であった。あえて言えば、彼らは「自律した市民」――それを共和主義的市民と言いかえてもよいだろう――を発見できないかと夢見ていたのである。しかし、その夢は虚しかった。依拠するに足る伝統の欠如は、その後、わが国の思想界がとどまるところを知らないかのように漂流を続ける理由である。

日本の市民社会論は世界的にもユニークであったが、それにある程度類似した思想的傾向をもった学者集団としては、例えば、フランクフルト学派を挙げることができるであろう。日本の市民社会派が戦前の軍国主義、日本のファシズムの克服を最大の課題としたように、ホルクハイマーとアドルノに率いられたフランクフルト学派は、何にもましてナチズムの批判・克服を最大の課題としたし、そのためにドイツとヨーロッパの思想的伝統の再検討を行ない、そこから自由と民主主義の再形成に役立つ伝統的遺産を再発掘した。その起点は一九三〇年代にある。

講座派の影響を受け、一面ではその継承者となったわが市民社会派の業績も、軍国的日本への密かな抵抗として[18]一九三〇年代に始まり、フランクフルト学派の活動の開始時期と重なる。ルシアン・フェーブル（Lucian Feble, 1878-1956）とマルク・ブロック（Marc Bloch, 1886-1944）に先導されたアナールの活動もまた同じ時期に始まった。クローチェ（Benedetto Croce, 1866-1952）を先駆とし、エイナウディ（Luigi Einaudi, 1874-1961）からフランコ・ヴェントゥーリ（Franco Venturi, 1914-1994）へと受け継がれるイタリアにおける思想史研究も、ファシズムの一九三〇年代に重要な結節点をもった。総動員体制への抵抗と反対（人民戦線派）という潮流とこれらの学派の活動は関係があった。また学派の活動は西欧マルクス主義の展開でもあった。ケンブリッジでは、どうだったか。

学派の知的源泉の一人と目されるバターフィールド（Herbert Butterfield, 1900-1979）[19]は、ネーミア史学（委員会的歴史）とウィッグ史観への果敢な批判者としても知られるが、三〇年代に『ケンブリッジ歴史雑誌』（*Cambridge Historical Journal*）の編集に関与し、戦後一九四四年の『イングランド人とその歴史』をはじめとして次々と研究を刊行した。しかし、英国にあっては、反ファシズムを先導したのはケンブリッジの知識人であるより、レフト・ブック・クラブ（Left Book Club）に結集した左翼知識人のゴランツやストレーチー、ラスキなどであった。クラブができてまもなくスペイン市民戦争が始まった。「フランス革命以来、外国のどの問題も、聡明なイギリスの世論をこれほど分裂させ、あるいは興奮させはしなかった。[20]」ケンブリッジ大学の学生の多くが人民戦線派の国際旅団に加わって命を落とした。こうした出来事はケンブリッジ学派の思想史研究にどのような影響を与えたのであろうか。

各大学の経済学部にマルクス経済学が制度的に定着したことは戦後日本のユニークな現象であったが、それは市民社会派の基盤でもあった。市民社会派が代表する戦後啓蒙が（講座派的な）マルクス主義に大いに依拠した点は、日本のユニークな特徴であった。しかし、戦後日本はアメリカ軍の占領から再出発し、憲法の制定からして、圧倒的にアメリカの影響を受けざるをえなかった。こうした環境からも、日本資本主義の特殊性を類型的差異として重視する傾向のあった講座派マルクス主義の継承にもかかわらず、市民社会派が英米の近代化（論）の影響を受けることは不可避であった[21]。こうして市民社会派のマルクス主義は近代主義的傾向をもつことになり、それは生産力の概念を重視する傾向に示された[22]。社会を分析するに当たって、階級関係、支配－被支配関係もこの時期には依然として重視されたが、それ以上に生産力の体系として経済社会が理解される傾向が強かった。その傾向は戦後の高度経済成長という進行中の現象に相関性があったと言えるかもしれない。

こうして、この時期の歴史研究、思想史研究は、いまだ思想形成の多様な文脈への充分な意識をもたなかった。その意味で、限られた文脈しか問題にならなかったけれども、にもかかわらず、ケンブリッジの研究方法を受け入れる素地はすでに形成されつつあったと言えるであろう。それは丸山真男、内田義彦や小林昇の思想史・学史研究が、限定的ではあるが、すでに文脈主義的性格を備えていたことに示されている。三人の学問が文脈主義的であるということを明らかにするためには、個別的な分析と詳細な説明が必要であろう。しかし、ここでは示唆にとどめる。

4　戦後啓蒙の終焉——転換する世界とイッシューの変化

社会の変化は学問にも変化をもたらす。価値観が変わり、問題意識が変容し、学問の再編成を引き起こす。思想史の方法論のようなものは、社会の変化を越えた長期的持続性をもっているように思われるが、社会観、歴史観の変化を通して影響を受けることも事実である。思想史は歴史学の一分野であるとともに哲学や理論にも密接に関係している。とりわけ八〇年代以降、歴史学において顕著になってきた歴史の見直し、歴史修正論は、社会構造の変化、思想とイッシューの変化と関連があるように思われる。ポーコックたちの英国史の見直しは英国のＥＵへの加盟と関連があるとされるが、それぞれの見直し論には個別的な理由がある。思想史方法論に見られる変化は、マルクス主義の没落のような学問・思想の構造的変化に左右される度合いが大きいが、思想史のトピックにも社会の変化が影響を及ぼす。昨今の共和主義への関心は共和政体がイッシューになっているというより、公共性への関心の影響が大きいであろう。

戦後啓蒙の終焉は急激な社会の変化と並行して起こった。冷戦構造は六〇年代にすでに破綻をきたしつつあったが、ベトナム戦争以後の社会主義ナショナリズムの相克を経て、東西対立がついに終焉する。社会主義が没落し、自由主義、資本主義、市場社会、あるいは社会民主主義のなかで生きる以外に、望ましい選択肢がないことが明確化した。

一九七〇年までに、経済の高度成長によって日本社会は物質的な富裕を実現した。富裕な社会の実現は、最終的に、マルクス主義の没落をもたらした。ベトナム戦争はマルクス主義の延命に力を貸したが、南北ベトナムの争い、カンボジア紛争、中国の権力闘争などに示された社会主義ナショナリズムの興隆は、共産主義の夢を打ち砕いた。東欧圏でも社会主義の失敗が次第にあらわになってきた。

二〇世紀のユートピアとメシア思想は維持できなくなる。世界的にも、国内的にもイッシューの変化が起こる。その結果、市民社会派も解体していく。メシア思想の終焉は、偉大であることの断念であり、英雄倫理の挫折であり、凡庸のなかに共存の術を見出すことであり、卓越を国家や政治集団に期待しないことを意味する。

学園紛争による戦後啓蒙の終焉はマルクス主義の終焉でもあった。日米安保条約はいまだ継続していたが、アメリカの一方的な影響を受ける体制という意味でのアンシァン・レジームは基本的に終焉した。より長期的な趨勢としてのアメリカ的大衆文化の圧倒的な浸透――それはグローバリゼーションの一側面である――と様々なサブカルチャーの展開が、高級文化、イデオロギー、思想の力を奪っていく。

国際環境も大きく変化する。八九年の東欧革命によって、マルクス主義のみならず、社会主義の没落が決定的となった。それは地球社会全体にとって、一つの終末であり、新しい時代の開始であった。それは、前述のように、メシア思想の終焉[23]であり、理想社会の夢の破綻でもあった。ベルリンの壁の崩壊に始まる一連の変動によって、権威主義体制は終焉を迎えた。そのイデオロギー的影響は決定的に大きい。もはや社会主義的な権威主義体制の可能性は幻想となった。

新しい時代と可能性は拡大ＥＵが開いた。国民国家の枠組を相対化する連合の試みは、自覚的な試みとして歴史的な事件である。そこには真に新しい可能性があるだろう。ヨーロッパ共和国とでもいうべきものが生まれつつあるのだが、同じような試みが、果たしてその他の地域に期待できるであろうか。中国を中心とするアジアの経済発展も、当座は世界の安定に貢献しつつある。アジアにおける専制国家の解体と経済発展は、いまだ十分な民主政治、複数性、民主的政権交替を実現するには至っていないけれども、もはや単純な支配－被支配の論理が適用できるような段階ではなくなった。

しかし、イスラム世界から新しい火種が起こってくることが予想された。その後のイスラム社会の民族紛争、セクショナリズム、専制政治、そしてテロと帝国的なアメリカの政権との戦い、アラブとイスラエルとの対立などは、容易に解決しそうにない。

こうして、国内的要因、国際的要因の双方から、学問、研究・教育が再編成を余儀なくされたことは確かである。この間、価値観自体には変化したものだけでなく、変化していないものもあると思われるが、社会科学者の課題も問題意識も、歴史観も大きく変容したように思われる。冷戦問題と東西の体制問題が消滅し、地球環境問題、情報化、グローバリゼーション、福祉、テロ、異文化衝突などが重要なイッシューになってきている。歴史の見直しも進んできた。江戸時代は豊かな時代として再評価されつつある。日本の文化的伝統の再評価も見られる。一五年戦争期の国家総動員体制の再評価も生まれている。

かつて市民社会派のなかで育ち、自らも市民社会派として活躍した山之内靖は、一九三〇年代に西欧でも日本でも同時的に総動員体制が構築されたが、これは社会の高度化の必然的帰結であった――「階級社会からシステム社会への移行」――と主張している。そしてこのような歴史認識に立脚して、総動員体制の認識がどの程度あったかという尺度で一九三〇年代の知識人を評価するという見解を打ち出した。総動員体制が客観的な趨勢であったから、その趨勢に即した現実主義的な思想と学問を高く評価しようというのである。こうして当時の体制にコミットした大河内一男が評価され、大塚久雄や丸山真男はその認識が希薄であったという観点から批判された(24)。これは市民社会論の崩壊の一方向の帰結であるといえるであろう。もう一つは、市民社会論を共和主義的に継承しようとする問題意識の発生であり、これは筆者の立場でもある。

七〇年代から、わが国の研究者が経験してきたことの一つは、社会の複雑さということである。社会の複雑さは、日本の研究者が痛感しただけではなく、ケンブリッジの思想史家を含む多くの研究者たちが、強調するようになってきた。予期せざる出来事との出会いもあった。ベルリンの壁の崩壊を誰が予言できたであろうか。ソ連と東ヨーロッパの革命は予想を超えていた。中国の経済発展もそうである。こうして決定論や機械的因果推論の敗北が明らかとなった。マルクス主義の図式でも、経済学でも、現実を正しくつかむことは、きわめて困難である。このような複雑な社会と歴史の変動を理解するために社会の学問に要求されているのは、理論的には複雑系の論理の解明であり、経験科学としては、歴史的、現実的に、複雑多岐な文脈に自覚的になること以外にはありえなかった。

こうして複雑系としての社会理解が進むに連れて、ハイエク流の自生的秩序の思想のオプティミズムではなく、社会学的パタン認識でもなく、ケンブリッジ学派の文脈主義による歴史研究が、アピールするようになってきた。それはテクストをすべて文脈に還元する還元主義ではない。それはマルクス主義と同じ罠に陥るであろう。テクストに表出された思想、それを構成するまとまった思想、理論、概念、言語の枠組、すなわちパラダイムの持続と変容を文脈的に追究する思想史研究が次第にアクチュアリティをもつようになってきた。他方で、多様性と複雑性に自覚的であるとともに、普遍的な価値としての人権、自由、正義、平等などの概念の精緻な分析とその普遍化可能性を模索する試みも進んできた。ケンブリッジ学派の文脈主義的歴史研究、アナール学派の社会史、ハーヴァードとフランクフルトの公共哲学というメジャーな学問的・思想的潮流は、無関係に見えるけれども、実は相互に支えあうとともに、相互的緊張関係にある潮流に他ならない。

ポーコックが繰り返し指摘したように、確かに歴史と哲学の差異は存在する。権利、権力、徳、自由、平等といった概念、言語、価値は様々な文化において、様々に歴史的に形成されてきた。その形成の複雑なプロセスに関心をもつのが思想史であるとすれば、現代にまで受け継がれたそれらの意味を分析するのが哲学の営みである。両者は峻別されなければならないが、片方に解消できるものではない。両者はいわばライヴァルとしてそれぞれの目標に向かって、卓越を目指して、競わなければならないであろう。

ケンブリッジの思想史研究、アナールの歴史研究（社会史）、アメリカを中心としドイツにも共鳴盤をもつ公共哲学（リバタリアンとコミュニタリアン、フランクフルト学派）の隆盛は、きわめて現代的な現象に他ならない。複雑多岐な社会現象や文化の解明の推進と、普遍的な価値の実現の探究とは、根源的につながった現代のアクチュアルな人間学の関心事なのである。

5　ケンブリッジ思想史研究への関心

最後に、わが国の戦後の社会の学問において、ケンブリッジの思想史研究への関心が具体的にどのような歴史をもっているか、概観しておこう。

戦後日本のアカデミズムでは、ボルケナウの『封建的世界象から市民的世界像へ』やルカーチ、ホブズボーム、ヒルなどのマルクス主義文献、フランクフルト学派、サルトル、メルロ＝ポンティ、アルテュセール、フーコーなどのフランスのマルクス主義的な思想研究、ピーター・ゲイやアレントに代表されるような、アメリカの各大学にポストを得て活躍したエミグレ知識人の仕事などが強い関心を引いていた。また分析哲学には関心が向けられたが、概してマルクス主義以外の英国の思想史研究は注目されなかった。要するに、西欧マルクス主義とアメリカにおけるラディカルな思想潮流への関心といった点に、わが国の戦後アカデミズムの一つの特徴があった。

米国と米軍による占領の遺産が残存する戦後日本において、英米文化はきわめて強いアンビヴァレンスを引き起こしていた。それが社会主義志向をいっそう強めていたが、自由民主党の一党支配のもとでの経済の回復、自由主義と民主主義の一定の定着は、社会の包容力を高め、また社会の複雑性に目を向けさせることになり、単純な階級還元論、経済決定論を超える、より複雑な社会分析用具を必要とするようになっていく。そのような流れの中で、欧米の多様な社会科学の成果が摂取されていった。

わが国で、ケンブリッジの思想史研究のうち最も早く注目されたのは、ラブレース・コレクションを利用した斬新な成果としてのラズレットのロック研究とラズレット版のロック『統治論』であったように思われる。ロックはしばらくケンブリッジの研究の焦点であった。そしてそれはロック政治理論の形成を名誉革命に先立つ排斥危機とフィルマー論争の文脈で解釈するという革新をもたらした。次に、神学的前提に注目するジョン・ダンのロック研究が注目された。続いてスキナーのホッブズ研究、フォーブズの自然法思想家としてのヒューム研究、タリー[25]、タック[26]の所有権と自然法・自然権の思想史的研究、この時期には『政治、言語、時間』を通じての、ポーコックのシヴィック・ヒューマニズム研究とハリントン研究などが、同時的に関心を引いたように思われる。こうした初期の関心は、ホッブズ、ロック、ハリントンなどの個別研究に発するものであって、確かにスキナーの有名な論文は知られていたけれども、ケンブリッジ学派の文脈主義の意義をよく理解して、そのような方法意識からもたれた関心とまでは言えなかった。

一九六〇年代の日本は学園紛争の時代で、研究者たちは研究に没頭できなかった。この時期のケンブリッジの思想史研究への関心は、まだ一部の研究者のものにとどまった。全般的印象としては、フランクフルト学派、フランスのポスト構造主義と社会史が圧倒的に影響力をもっていて、ケンブリッジ学派の影響力はほとんど目立たなかった。マクファースンの「所有的個人主義」論[27]にしても、ケンブリッジの研究者の仕事以上に関心を引いた。したがって、そもそもケンブリッジの思想史研究への関心は学界の主流ではなかった。それに注目したのは市民社会派に属するか、その周辺か影響下にいた少数の研究者である。

一九六〇年代から七〇年代にかけて、ダンのロック研究[28]の紹介は半澤孝麿、加藤節などが行ない、マクファースンには田中正司、平井俊彦などが注目した。タリーのロック所有権研究は田中正司が紹介した。タックの自然権思想史の研究もよく読まれた。一九七五年にはフォーブズの『ヒュームの哲学的政治学』[29]が出て、比較的よく読まれた。本書に集大成されるフォーブズのヒューム研究は田中敏弘が詳細に紹介した。[30]同年に出版されたポーコックの『マキァヴェリアン・モーメント』は、難解さも手伝って敬遠されたように思われる。

わが国において、ポーコックの仕事が次第に理解され、広範な影響が出てくるのは一九八〇年代に入ってからであり、とくにホント・イグナティエフ編著『富と徳』の背後に控えるキーパースンが彼であることが認識されてからであった。『富と徳』の邦訳は経済学史・社会思想史の研究者が行なった[31]。ポーコックの『徳・商業・歴史』の邦訳は一九九三年に出た（原著刊行八年後[32]）が、『マキァヴェリアン・モーメント』は今ようやく邦訳が刊行されようとしている段階である（原著刊行三〇年後[33]）。

もとより、ケンブリッジの思想史研究への関心の根底には、研究対象自体への関心、一七、一八世紀のブリテンの思想史を中心とする思想史への関心、そしてそれに関係するヨーロッパの思想的遺産、学問的伝統への関心がある。すなわち、ブリテンとヨーロッパの古典的伝統と数々の古典的著作、多数の思想史上の遺産の存在が、我々をひきつけるのである。そうした遺産の形成の文脈、それをいかに受容してきたかという受容の文脈を、詳細かつ正確に解明することの必要性に思想史研究者は直面している。ヘレニズムとヘブライズムに起源をもつヨーロッパの思想的伝統は、わが国のそれと同じく、ハイブリッドな産物である。そのなかから社会形成の原理を執拗に究明しようとする社会思想が生まれた。政治、歴史、文化を分析的に理解する学問がもたらされた。日本におけるケンブリッジ思想史研究への関心は、やがて日本の思想史的伝統の認識、自己認識の深化にも寄与するであろう。

注

（1）成果として華々しくなったのはその時期であるが、起源はさらに遡る。すなわち、ケンブリッジの思想史研究の刷新に貢献したピーター・マンツ（Peter Muntz）、サルモン（J.H.M. Salmon, 1925-2005）、ポーコックがニュージーランドからケンブリッジに来たのは一九四七年から四八年にかけてであった。オーストラリアからラーブ（Felix Raab, 1930-62）がオックスフォードに来たのも同じ時期である。一九四九年にラズレットは自らの研究に基づくフィルマーの政治著作集を刊行した。ポーコックはケンブリッジの思想史研究の起点をここに求める。したがって、思想史研究の刷新は戦後まもなく始まったというのが正確かもしれない。ポーコックのキース・トマス（Keith Thomas）への反論の手紙（Antipodean Historians）を参照、*The New York Review of Books*, Vol.52, No.16, Oct. 20, 2005.

ちなみにフランスの一七世紀の政治と宗教を専攻したサルモンは、一九六九年にブリン・マー・カレッジに移り、研究中心の大学に変革する功績があったとされるが、同大学にいたキャロライン・ロビンズとの研究上の関係はどうであったのだろうか。他方、ラーブはトレヴァ＝ローパーに学位論文を提出後、事故で他界したが、それは師の序文を付して出版された。Felx Raab, *The English Face of Machiavelli, A Changing Interpretation, 1500-1700*, London and Toront, 1964.

（2）Quentin Skinner, "Meaning and Understanding in the history of ideas," *History and Theory*, 8（1969）, pp. 3-53. Later in *Meaning and Context*, ed. by James Tully, Polity Press, 1988.（半澤・加藤編訳『思想史とはなにか』岩波書店、一九九〇年所収）。

（3）スキナーの批判にもかかわらず、ラヴジョイとケンブリッジの思想史研究の近い関係を指摘したディギンズの論文が最近出た。John Patrick Diggins, "Arthur O. Lovejoy and the Challenge of Intellectual History", *Journal of the History of Ideas*, Vol.67.No.1, Jan. 2006.

（4）教養軽視の風潮がアメリカでもはなはだしいことが、シュトラウス派のアラン・ブルームなどの著作で訴えられたことは周知の通りである。Allan Bloom, *The Closing of the American Mind*, New York, 1987.（菅野盾樹訳『アメリカン・マインドの終焉』みすず書房、一九八八年）

（5）「戦後啓蒙」という概念は必ずしも一般的に用いられているわけではないが、戦前をアンシァン・レジームとして意識し、戦後にその払拭と自由で民主主義的な開かれた市民社会の形成を課題として意識した知識人の社会科学的な営為を包括的に表現する概念として、利用価値があると思われる。杉山光信『戦後啓蒙と社会科学の思想』新曜社、一九九二年を参照。

（6）より広い視野からの優れた概観として、安丸良夫「現代日本の思想状況」（同『現代日本思想論』岩波書店、二〇〇四年所収）を参照。

（7）杉山は「『市民社会』派社会科学」の代表者を丸山、大塚、内田の三人とし、平田清明と望月清司を含めて、三人の政治学、経済史、経済学説史を継承している研究者の集合として「市民社会」派という言葉を用いている（杉山光信『戦後啓蒙と社会科学の思想』前掲、v同『戦後日本の市民社会』みすず書房、二〇〇一年、iv七五-七七ページなど）。「市民社会」論の代表に関しては本章も基本的に大差ない見方を採用しているつもりであるが、その近隣あるいは外部により多様な「市民社会派」の存在を予想しており、したがって杉山の限定は狭すぎると考える。すなわち、私はもう少し広い範囲の知識人を包括する概念として市民社会論や市民社会派を用いるべきだと考えており、したがって、また後に述べるように市民社会論を一種の総合命題に要約できると考えている点で異なっている。具体的、個別的に、多様な市民社会派相互間の明確な区分線を示すことも、マルクス派と明確な区分線を示すことも困難である。

（8）マルクスの方法とウェーバーの方法は、共通項以上に差異が大きいが、市民社会論者には共通項を強調する傾向があった（とくに大塚久雄、内田芳明など）。

（9）小林昇は論壇に登場することのなかった碩学であるが、小林のアカデミックな仕事は、ステュアートを頂点とする重商主義、古典派経済学者スミス、後進ドイツの国民経済学者リストを相互に比較対照してそれぞれの特徴を際立たせつつ、経済学の形成過程を彫琢し、学問としての経済学（理論と政策の関連）の特徴を解明することを通して、市民社会としての、また資本主義社会としての近代社会の形成の論理を極めることにあったから、その意味で独自の特徴をもった市民社会派に含めることができるであろう。小林が参照したマルクスの労作は『資本論』に劣らず『経済学批判』と『剰余価値学説史』である。小林の厳密な経済学史の方法（歴史的文献的アプローチ）は、私見では、コンテクスト主義を先取りするものでもあった。

（10）高畠通敏「「六〇年安保」の精神史」、テツオ・ナジタ他編『戦後日本の精神史』岩波書店、一九八八年）八四ページを参照。市民社会派と近代主義の関係が疑問になるであろうが、ここでは前者は後者の一種であるとだけしておこう。戦後日本の近代主義には多様な類型があったが、それを整理することも本章の課題ではない。

（11）山口定『市民社会論　歴史的遺産と展開』（有斐閣、二〇〇四年）は政治学者としての視点から、より包括的かつ緻密に市民社会論の諸派を論じている。
（12）戦後のスミス研究で最も脚光を浴びた内田義彦『経済学の生誕』（未来社、一九五三年）の場合、大方の見解と違って、スミスは文明社会の批判者として、マルクスの先駆者として、急進的な思想家、ブルジョア・ラディカルとして描かれて、両者の差異は強調されなかった。スミスの内田によるイデオロギー的歪曲を唯一正面から批判したのは小林昇であり、両者の応酬は内田‐小林論争と呼ばれたが、スミスを産業資本のイデオローグとして把握し、ラディカルではないとする小林の学問的な批判に内田が充分に応答しなかったために、成果を残さずに終った。
（13）とはいえ、大雑把にいって、一九世紀末までは、日本の指導層と知識人の関心は欧米各国に、それなりの均衡を保ちながら、向けられていたけれども、二〇世紀初頭から敗戦までは、英米ではなく、圧倒的にドイツに向かった。市民社会派と戦後啓蒙は、その意味では、ゲルマン文化からアングロ・アメリカ文化、英米の文化的伝統を再評価する傾向を示した。それは、改めて英国経験論と経済学と政治学を中心とする英米の古典的な社会科学の伝統の再検討と摂取を重視するものであった。
（14）加藤周一の日本文化の雑種論を批判した丸山真男の雑居論に対して、神島二郎は日本社会に異質なものを馴化する磁場があるという加藤よりの分析を行なった。神島二郎『磁場の政治学』（岩波書店、一九八二年）。
（15）『読書と社会科学』（岩波新書、一九八五年）『内田義彦著作集第九巻』（岩波書店、一九八九年）
（16）とりわけ内田義彦『日本資本主義の思想像』（岩波書店、一九六七年）、三九ページ以降、一〇五ページ以降を参照。
（17）丸山真男『日本政治思想史研究』（東京大学出版会、一九五三年）。丸山のこのような徳川時代の政治思想史研究には、今では、あまりに観念論的シェーマであり、テクストに即さない根拠薄弱な空論だとする批判がある。子安宣邦『事件としての徂徠学』（一九九〇年、青土社、二〇〇〇年、ちくま学芸文庫）など。
（18）戦中に形成された生産力論は、大塚と高島の場合、経済原則を無視した軍国日本の戦時経済の動員主義を批判するものであったが、しかし、社会政策を専門とするものとして昭和研究会に加わった大河内一男の場合は、合理的な総動員体制は支持するという側面をもっていた。藤田省三『転向の思想史的研究』（『藤田省三著作集二』、一九九七年、未来社）一八五ページ以下を参照。

(19) 外交史家として経歴を開始したバターフィールドは、思想史家という以上に広い範囲を扱う歴史家であったが、しかしポーコックの指導教授であったし、その歴史家としての仕事は後の思想史家にも影響力があったと思われる。Sir Herbert Butterfield, *The Historical Novel* (1923), *The Peace-Tactic of Napoleon, 1806-08* (1929), *The Whig Interpretation of History* (1931)［越智武臣他訳『ウィッグ史観批判』未来社、一九六七年］、*The Statecraft of Machiavelli* (1940), *The Englishman and his History* (1944), *George III, Lord North and the People* (1949), *The Origins of Modern Science* (1949)［渡辺正雄訳『近代科学の起源』講談社学術文庫、上下、一九七八年］、*Christianity and History* (1949), *History and Human Relations* (1951), *Christianity in European History* (1951), *Christianity, Diplomacy and War* (1953), *Man on his Past* (1955), *George III and the Historians* (1957), *International Conflict in the Twentieth Century* (1960).

　バターフィールドは、E・H・カーとともに二〇世紀を代表する英語圏の歴史家であるとともに、国際関係史における「イングランド学派」を代表する人物でもある。David Armitage, "The Ffty Years' Rift: Intellectual History and International Relations", *Modern Intellectual History*, 1-1, 2004, p.99.

(20) A・J・P・テイラー『イギリス現代史』（都築忠七訳、みすず書房、一九八七年）第二巻、六九ページ。

(21) 講座派と対抗した労農派マルクス主義は類型的差異よりも段階的差異を重視する傾向があり、日本資本主義の特殊性といわれるものも、資本主義の発展によって自然に解消すると考える傾向が強かった。したがって、その意味で英米の近代化論にいっそう近い面があった。

(22) 代表的な現象学的マルクス主義者であった広松渉のマルクス研究の力点の一つもこの点にあった。

(23) 桜井哲夫は二〇世紀を支配したのは「政治的メシアニズム」という病であり、ソ連と東欧が代表する「権威主義的サン＝シモン主義国家」思想としての社会主義の終焉は、そのようなメシアニズム（救済思想）の終焉であったと語っている。『社会主義の終焉』（講談社学術文庫、一九九七年）。ただし、イスラム圏やアフリカなどで、また様々なカルト集団において、ある種の救済思想としてのメシアニズムが繰り返し再生することは否定できない。

(24) 山之内靖「方法的序論－総力戦とシステム統合」、山之内靖、ヴィクター・コシュマン、成田龍一（編）『総力戦と現代化』（柏書房、一九九一年）所収、その他。

（25）ロック研究（*A Discourse on Property: John Locke and His Adversaries*, Cambridge, 1980, *An Approach to Political Philosophy: Locke in Contexts*, Cambridge, 1993）から出発したタリー（James Tully）はカナダのマギル大学にあって、カナダの原住民問題について発言するとともに、スキナーの方法論集（*Meaning and Context: Quentin Skinner and His Critics*, Polity, 1988、半澤・加藤編訳『思想史とはなにか』岩波書店、一九九〇年）を編集し、コミュニタリアンとしてのチャールズ・テイラーを論じ（*Philosophy in an Age of Pluralism: the Philosophy of Charles Taylor in Question*, Cambridge, 1994）、現代社会のアクチュアルな多元的問題を論じたシーリー講義（*Strange Multiplicity: Constitutionalism in An Age of Diversity*, Cambridge U.P., 1995）を出版している。

（26）Richard Tuck, *Natural Rights Theories*, Cambridge U.P., 1979.

（27）C. B. Macpherson, *The Political Theory of Possessive Individualism*, Oxford U.P., 1962.（藤野他訳『所有的個人主義の政治理論』、合同出版、一九八〇年）

（28）John Dunn, *The Political Philosophy of John Locke*, Cambridge U.P., 1968.

（29）Duncan Forbes, *Hume's Philosophical Politics*, Cambridge U.P., 1975. ホントはケンブリッジ思想史研究へのフォーブズの貢献（どちらかといえば軽視されがち）を強調する。

（30）田中敏弘『イギリス経済思想史研究』御茶の水書房、一九八四年。

（31）水田洋・杉山忠平監訳『富と徳——スコットランド啓蒙における経済学の形成』未来社、一九九〇年。

（32）田中秀夫訳『徳・商業・歴史』みすず書房、一九九三年。

（33）二〇〇八年に刊行。田中秀夫・奥田敬・森岡邦泰共訳、名古屋大学出版会。

第六章　フォーブズのスコットランド啓蒙研究

1　ケンブリッジのフォーブス

フォーブズという名前で有名なのは、一八世紀スコットランドの政治家であったカローデンのダンカン・フォーブズ（Duncan Forbes, Lord Culloden, 1685-1747）であろうが、ここで取り上げるのは、スコットランド啓蒙研究、とりわけヒューム研究において画期的な業績を残したダンカン・フォーブズ（Duncan Forbes）である。

彼は、ポーコックより二年早く、一九二二年に生まれた。ポーコックはいまだ健在であるが、フォーブズは一九九四年に七二歳で死去している。フォーブズはスコットランド系の研究者として、ケンブリッジ大学で学び、歴史学を専攻した。第四章の冒頭でも述べたが、この時期のケンブリッジ大学の歴史学と政治学においては、ハーバート・バターフィールド（Herbert Butterfield, 1900-79）が存在感を示していた。一九三一年の『ウィッグ史観批判』以来、彼の名声と影響力ははるか海の彼方まで届いていた。彼は一九四五年から四九年まで年平均二人の研究生を引き受けており、そのなかにジョン・ポーコックもフォーブズもいたのである。(1)

フォーブズは、この世代の青年知識人の多くと同じように、第二次大戦に従軍している。ケンブリッジの学生にはスペイン人民戦線への義勇兵となって命を落とした者も多かった。戦後ケンブリッジに戻り、バターフィールドの指導のもとで研究を続け、一九四七年にクレア・カレッジのフェローとなり、歴史学部に所属して活躍した。フォーブズがバターフィールドからいかなる影響を受けたかは明らかではないが、フォーブズは歴史の理解に関してバターフィールドから様々な教えを得たのではないだろうか。バターフィールドは、シオニストであるとともに保守でもあったネイミア（Sir Lewis Namier, 1888-1960）のプレゼンスが大きくなるにつれて、ウィッグ史観批判の立場から転回し、次第に進歩史観の側に与するようになる。ただし、それはもとより通俗的なマルクス主義のような単純な発展段階論への転回ではなかった。

フォーブズは、一九五〇年に、三〇歳までの大学院生の優秀な歴史研究に与えられるプリンス・コンソート賞（アルバート王子にちなむ）を与えられ、その研究は『リベラル・アングリカンの歴史観』として一九五二年に出版された。(2) 師匠のバターフィールドが『ジョージ三世、ノース卿、および人民、一七七九－一七八〇年』(3) を出版した三年後のことである。ポーコックが『古来の国制と封建法』を出すのが一九五七年であるから、フォーブズはいくらか早熟でもあった。

「リベラル・アングリカン」（自由主義的国教徒）とはラグビー校の校長として有名なアーノルド（Thomas Arnold, 1795-1842）、ナッソー・シニアの経済学の後継者であるウェイトリー（Richard Whately, 1787-1863）、コールリッジの弟子で、ニーブール『ローマ史』の訳者であるヘア（Lilius Charles Hare, 1795-1865）、『ギリシア史』の著者で牧師のサールウォール（Connop Thirlwall）、オックスフォード大学詩学教授でセント・ポール寺院長となったミルマン（Henry Hart Milman, 1791-1875）、アーノルドの弟子でウェストミンスター寺院長スタンリー（Arthur Penryn Stanley, 1815-81）からなるグループを指す。このグループを対象にして、フォーブズは、一八世紀の啓蒙への反逆という時代精神のなかで、彼らがどのような歴史観を形成したのかを、新鮮な感覚で描き出した。

文脈主義

この時期、一九五〇年代前後には、ラズレットのロックとフィルマーの研究が与えた影響も大きかったが、一九六〇年代になると、ラズレットの業績が先導役となって、ケンブリッジにおいて思想史研究の方法の開発——文脈主義——に注目が集まるようになる。論争の文脈を明確にする資料研究に徹したラズレットの仕事は、言ってみれば文脈主義の先取りであった。前章でも述べたように、東西冷戦という緊張の時代にあって、イデオロギーや思想を学問的に分析するにはどのようにすればよいのか。国際情勢も、政治も激しいイデオロギー闘争が展開しているなかで、思想やイデオロギーを客観的に分析する手法の開発が急務であった。オックスフォード大学での分析哲学と言語行為論の展開も、そのような背景から理解できるであろう。ケンブリッジの歴史学も分析哲学や言語行為論の影響を受けたのであるが、その結果、形成された方法論が文脈主義であった。スキナーはウェーバーとオースティンを参照したが、ポーコックは同世代のトマス・クーンの方法論に注目した。

一九七〇年前後にはそうした文脈主義、言語の政治学（パラダイム論）の方法の産物として、大きな研究成果が生まれていた。ジョン・ダンの『ロックの政治思想』（一九六九年）[5]、フォーブズの『ヒュームの哲学的政治学』（一九七五年）[6]、そして巨匠ポーコックの名著『マキァヴェリアン・モーメント』（一九七五年）[7]、スキナーの『近代政治思想の基礎』（一九七八年）[8]などである。スコットランド啓蒙研究で画期的な論文集、ホントとイグナティエフによる共編の『富と徳――スコットランド啓蒙における経済学の形成』[9]が出版されたのは、少し後の一九八三年である。これらの傑作のうち、邦訳がなかったのはダンのロック研究とフォーブズのヒューム研究であるが、フォーブズが邦訳されたので[10]、残りはダンだけということになる。

その後もケンブリッジ学派（ここでは広義に用いる）は次々と重要な成果を生み出している。最近に限っても、ポーコックの弟子のジョン・マーシャルのロック寛容論の研究[11]、ジョン・ロバートスンの『啓蒙の主張』[12]、イシュトファン・ホントの『貿易の嫉妬』[13]、ゴールディ、ウォクラー編『ケンブリッジ一八世紀政治思想史』[14]などがある。

その間に、スキナーの弟子のデイヴィッド・リーバーマン[15]、コリン・キッドやアーミテージ[16]の仕事などがある。その他、ケンブリッジの思想史研究の関連において、膨大な仕事がなされているが、それにはここでは立ちいらない。ポーコックとスキナーの影響は圧倒的であるが、今やかつてのケンブリッジのユニークな研究者であったフォーブズの影が薄くなりつつあるのはやむをえない流れかもしれない。

2 スコットランド啓蒙研究の源流

ケンブリッジの思想史研究において、フォーブズは先駆的であった。その事情を少し見ておこう。『リベラル・アングリカンの歴史観』の研究を出版した一九五〇年代早々に、彼は、事実上、スコットランド啓蒙の研究を開始している。それは新しい対象の発見であり、視野の拡大であった。ロマン主義的な進歩の思想と一八世紀の啓蒙の歴史観とはどう違うのか、どう連続しているのかを、フォーブズは、さらに詳細に、深く究明しなければならなくなったのである。

スコットランド啓蒙研究の嚆矢

事実上と言うのは、当時はまだ「スコットランド啓蒙」という言葉がほとんど用いられていなかったからである。「スコットランド学派」という言葉が比較的よく使われ、ロイ・パスカルが提唱した「スコットランド歴史学派」という新語が使われ始めていた。そしてグラスゴウやエディンバラではそうでないとしても、ケンブリッジでのスコットランド研究は、おそらくいまだローカルな、あるいはマイナーなトピックにすぎず、当時はフォーブズのエクセントリックさの現れと見なされたと、当時すでに卒業しており、授業に参加できなかった今は亡きジョン・バローが書いている。[17] このように、スコットランド啓蒙研究の重要性は、当時にあっては必ずしもよく認識されていなかったが、今では、ケンブリッジの数多くのプロジェクトのなかで、スコットランド啓蒙研究ほど大きな成果を挙げたものは他にないと言われ、高く評価されている。

フォーブズが開始した思想史研究の伝統は、クェンティン・スキナー（すでに定年を迎え、今ではケンブリッジからロンドンに移っている）やジョン・ダンが代表する今日のケンブリッジの思想史研究に受け継がれている。フォーブズの同輩のジョン・ポーコックも、独創性を誇る著作『古来の国制と封建法』（一九五七年）や『政治・言語・時間』（一九七一年）に示されているように、若い頃に、スコットランド啓蒙理解をフォーブズから学んだ。

フォーブズは多くの弟子を育てたとは言えないにしても、多くの後進の研究者に大きな影響と刺激を与えたことは確かである。教師としての彼は学生にしばしば忌避されたらしく、その事実は一部には知られているかもしれない。しかし、ダンもスキナーもケンブリッジの学部三年次に、フォーブズが始めたスコットランド啓蒙の論文指導に接しており、それによって知的刺激を得たのである。[18]

世界的に見ても、フォーブズは、ある時期まで、スコットランド啓蒙研究の牽引者であった。

スコットランド啓蒙の研究が本格化するのは、一九七〇年代である。しかしながら、事実上のスコットランド啓蒙研究は、パスカルやブライスン[19]の先駆的なスコットランド歴史学派研究、スコットランド学派研究を受けて、フォーブズと経済学者のミークおよび社会学者のマクフィー、あるいは歴史家のトレヴァ＝ローパーが先駆者として研究を開始していた。トレヴァ＝ローパーは、オックスフォードの大学院生時代のホントとロバートスンの指導教授である。

研究拠点の形成

スコットランドの大学でのスコットランド思想史研究は、盛んというほどではなかったとしてもずっと継承されてきた。グラスゴウではウィリアム・C・スコットの『スミス伝』（一九三七年）や『ハチスン』（一九〇〇年）などがよく知られているであろう。マクフィーはスコットの弟子である。グラスゴウ大学におけるスミス研究やスコットランド思想史の継承者は経済学者のアンドルー・スキナー、哲学者のトム・キャンベル、政治哲学・政治思想のクリストファ・ベリーなどであり、アレグザンダー・ブロディーもいる。そこに鬼才コリン・キッドが加わったが、その後アイルランドに移った。エディンバラにはニコラス・フィリップスンやピーター・ジョーンズ、法学のジョン・ケアンズなどがいて、研究を発展させた。

またリチャード・シャー、ロジャー・エマスンなどがアメリカに、『スミス伝』や『ケイムズ伝』で知られるイアン・ロスやポール・ウッドなどがカナダにおり、ジョン・ロバートスンがオックスフォードで重要な研究を展開している（その後、ケンブリッジに移った）。多作なホーコンセンは、オックスフォードに移ったバローの後任として、ボストンからサセックスに移り、華々しい仕事ぶりである。彼は監修者としてリバティー・ファンドから近代自然法思想の古典シリーズを出している。

イタリアでは偉大なフランコ・ヴェントゥーリが先駆的であったが、ローマにメローレなどがいて、研究拠点は世界各地に広がった。イタリアにはフランスにもまして多くのスコットランド啓蒙の研究者がいる。ドイツにはメディックやワセックがいる。こうした後進にフォーブズが大きな影響を与えていることは言うまでもない。

一九八六年に創設された『一八世紀スコットランド研究協会』（Eighteenth-Century Scottish Studies Society）が果たしてきた役割も大きい。この組織は、事務局としてニューズ・レターを刊行し続けているリチャード・シャーの超人的な働きに支えられているといって過言ではない。他方、ヒュームについては、ヒューム学会があり、年報『ヒューム研究』を出しているが、こちらは哲学よりで、スコットランド啓蒙研究という意識は希薄である。『アダム・スミス・レヴュー』（*Adam Smith Review*）も知られているであろう。スコットランドの古典などのリプリントを出してきたテムス・プレスの貢献も大きかったが、最近活動をやめたのが残念である。

フォーブズやポーコックより数年先輩の水田洋は、スコットランド歴史学派研究を日本に紹介したが、その成果を盛り込んだ彼の『アダム・スミス研究』は、一九六八年に刊行されている（未来社）。名古屋大学がこうして日本におけるスコットランド啓蒙の拠点となる。佐々木武の斬新な大論文――「スコットランド学派」における「文明社会」論の構成――が出たのは一九七〇年代初頭である（『国家学会雑誌』、一九七二－三年）。田中敏弘、田中正司の研究もよく知られている。スコットランド啓蒙の研究はこうして、わが国でも、本国やケンブリッジにさほど遅れずに始まっている。水田の最近までの研究成果は『アダム・スミス論集』に収録された（ミネルヴァ書房、二〇〇九年）。中央大学に入ったプライス・コレクションも重要な役割を果たした。

先駆者フォーブズは、おそらくミーク、マクフィーが研究を開始するより早く、ケンブリッジにスコットランド啓蒙研究を持ち込んだ。イングランドの史学史から出発したフォーブズは、やがてヒュームの研究に打ち込む傍ら、ファーガスン、スミス、ミラー、ジェイムズ・ミルに親しんでいく。ドイツの歴史主義、ヘーゲルの歴史哲学にも関心があった。「スコットランド啓蒙」という概念が普及するのは一九七〇年以降である。一九七一年にレーマンがケイムズ研究に採用してから[20]、一九七六年には、チトニスが『スコットランド啓蒙』[21]を出し、一九七八年にはレンドゥル（Rendall）が解説付きのアンソロジー『スコットランド啓蒙の起源』[22]を刊行している。フォーブズが「自然法とスコットランド啓蒙」を寄稿した、キャンベルおよびスキナー編の『スコットランド啓蒙の起源と本質』が出版されたのは一九八一年である。[23]その後、スコットランド啓蒙を書名の一部にもつ著作は目白押しとなる。

3　歴史の展開をいかに把握すべきか

歴史主義の再発見

フォーブズは一九五一年に「イングランドの歴史主義」、「ジェイムズ・ミルとインド」、「サー・ウォルター・スコットの合理主義」という三篇を、マイケル・オークショットが編集長を務めた『ケンブリッジ・ジャーナル』に発表している。そしてその翌年に前述のように『リベラル・アングリカンの歴史観』を出版した。ロマン主義も、歴史主義も一九世紀のドイツで華々しい大きな運動となったのに対して、ロックの経験主義の伝統が強固であったイングランドでは、コールリッジ派の歴史家――カーライルのような――に歴史主義の影響があった程度で、大きな影響を及ぼさなかった。イングランドの知的伝統においては哲学と歴史の距離は大きく、ロック経験論の影響を受けた哲学者は歴史的に考えないし、歴史主義の影響を受けた歴史家は哲学に関心をもたない。イングランドには、ヘーゲルも、シェリング、ニーブール、サヴィニーも、グリムも、またランケもいないが、しかし、シュペングラーを生まなかった我々はロックに感謝すべきなのだ。歴史叙述の歴史は、解毒剤である。フォーブズはこう述べて、自らの関心が歴史叙述の歴史にあることを語っているが、それはイングランドにおける合理主義的歴史の伝統の解明への道に繋がっていた。こうしてジェイムズ・ミルやスコットを論じながら、すでにフォーブズの関心はアダム・スミスの弟子として知られるジョン・ミラー――名著『階級区分の起源』(一七七一年)、『イングランド統治史論』(一七八七年)などの著者――に向かっていた。フォーブズはもちろん、ジェイムズ・ミルの『インド史』が合理主義的歴史観によってインドを文明化の対象となる非文明国であると認定したことが、インドに赴任した高級官僚を通じて、インド統治において両面的な役割を果たしたことも指摘している。

「科学的ウィッグ主義」から「懐疑的ウィッグ主義」へ

フォーブズは、一九五四年には早くも「科学的ウィッグ主義」と題する、スミスとその弟子のミラーの思想を分析した、画期的な論文を書いている。(24) そこでは、スミスとミラーの社会思想を党派的なイデオロギーではなく、社会の科学として、党派性から独立した客観性をもったものとして、把握することが目指されたのであり、そこに名著『ヒュームの哲学的政治学』の出発点を見ることができるであろう。この論文でフォーブズは当時まだ存命であったマイネッケの歴史主義研究を参照している。マイネッケはウェーバーとともにドイツ歴史学派の遺産の批判的継承者であった。通俗的なマルクス主義と対決しつつ、彼らは歴史法則の意味理解に大きな努力を払ったのであったが、ドイツの歴史分析の最良の遺産がフォーブズを通じてケンブリッジに導入されたのである。この点は、弟子筋のQ・スキナーが思想史方法論を洗練する上で、ウェーバーを再評価していることに繋がるであろう。フォーブズのヒュームを中心とする研究は、その重要性に気づいたヒューム研究者の田中敏弘によって、サーヴェイされた（『イギリス経済思想史研究』、御茶の水書房、一九八四年）。

それまではスミスの社会思想をブルジョア的と称することはごく普通であった。フォーブズは、たんにスミスとミラーを客観的な社会認識者として把握しただけではなく、彼らの科学的認識は、文明社会の自由を実現し、いっそうそれを推進しようとしていた当時のウィッグ政権＝イスタブリッシュメントを支援するというインプリケーションをもったと主張した。それは科学的認識に基礎を置いて、比較によって体制の評価を行なうという、科学的認識と政策・評価という悩ましい問題に切り込んだ研究であり、そこに価値判断と客観性をめぐるウェーバーの格闘の密かな影響を察知することができるであろう。

フォーブズがスコットランド啓蒙研究に見出したものは、その独自の歴史観であった。結果の意図からの独立性という、いわゆる「意図せざる結果の論理」を歴史認識に持ち込んだのが、スコットランド啓蒙であったことを、他のだれにもまして説得力をもって強調してきたのがフォーブズである。「意図せざる結果」というのは、歴史のみにではなく、市場メカニズムにも適用される。歴史観としては、それは「合成の誤謬」認識の歴史版である。あるいはまたそれは方法論的個人主義を越えた要素の認識でもある。

スコットランド啓蒙思想家のなかで独特であるファーガスンについては、フォーブズは『市民社会史論』を編集し解説を書いている（章末の著作リストを参照）が、ファーガスンの歴史観のなかに、自由と腐敗の弁証法だけではなく、紛争（戦争、闘争）社会学の起源を見ている点が重要である。彼はファーガスンの独自性を強調し、進歩の概念をもちつつも、スミスと違って四段階説をとらず、ルソーと同じく文明の発展が疎外を引き起こすと考えたが、ルソーが利己心＝私的所有にその理由を求めたのに対して、ファーガスンは分業に求めたことなどを指摘している。彼のファーガスン解釈は、ポーコックの共和主義者ファーガスン解釈と親近的な側面があるが、フォーブズはポーコックを参照することはなく、そこには対立に近い緊張感が感じられる。

『ヒュームの哲学的政治学』でもフォーブズのポーコックへの言及は少なく、『古来の国制』と『政治、言語、時間』に、それぞれ一度、注で触れているだけである。フォーブズはボリングブルックをポーコックのようにネオ・ハリントニアンと呼ぶことには反対で、ハリントニアンとしているが、それは彼には些細なことである。重要なのは、彼がシヴィック・ヒューマニズムとしての共和主義にほとんど関心を示していないことである。

彼はヒュームの『イングランド史』（ステュアート朝の巻――章末の著作リストを参照）を編集しているが、ウィッグとトーリの党派抗争を越えようとして書かれた学問的な歴史であることをフォーブズが強調しているのは、すでに述べた通りである。こうして、ヒューム、スミス、ミラーが「懐疑的ウィッグ」としてトリオをなすという結論が引き出された。

歴史の発展をどうとらえるか

歴史が人間や集団の意図的な行為を巻き込んで、独自の法則を実現するという、それ自体は人間の無力さの諦観にもつながる思想が、稳健な進歩の歴史として具体化されたのが、スコットランド啓蒙であった。理性や知性の限界を見据えていたのがスコットランド啓蒙であり、したがって、スコットランド啓蒙は「稳健」であることを特徴とするという理解をフォーブズは打ち出したが、それは今日のシャーなどの研究に受け継がれ、いわば共通の遺産となっている。

スコットランドの文明史家、哲学的歴史家の進歩の歴史は、コンドルセたちの完成の思想とは違って、完全へと向かうという信仰をもたなかった点で、穏健でもあれば、妥協的でもあった。人間は一般的に善を求め、行動する。その結果、対立も紛争も、戦争さえ起るけれども、しかし、そうした変動を通じてしか、文明も自由も発展しないのである。人びとはカリスマ的な立法者を求めがちであるけれども、全能の立法者などはどこにもいない。しかし、にもかかわらず、社会は野蛮から文明へと発展してきた。摂理や神の見えざる手の働きに訴えることもしばしば行なわれたが、スコットランド人はできるだけ、因果関係で説明しようとした。彼らはモンテスキューからも示唆を受けながら、社会のメカニズムを解明し、そのメカニズムを通じて、意図を越えた結果——自由、富、所有、洗練などの文明化の産物——が実現してきたという分析を提供した。人間の歴史は単純な繰り返しではない。そこには知性の発展のみならず、道徳的力などの、人間性自身の発展まで析出することができる。彼らの歴史観は手放しの楽観主義ではないが、ペシミズムでもない。社会のメカニズムを解明し、歴史変動の法則の作用を解明することによって、文明史が発展の歴史であることを彼らは明らかにした。

フォーブズはミークが力説した社会発展の四段階説を強調してはいない。それを彫琢することはミークたちに委ねている格好である。ミークはマルクス経済学者として労働価値論の歴史をたどったり、古典派とマルクスの関係を研究したり、それなりに幅広い研究を行なったが、彼が晩年に力を注いだのは、スコットランド啓蒙における、あるいはそれを越えての「生活様式の発展の四段階理論」(Four Stages Theory) の形成史であった。[25] こうして、ミークによって、パスカルに始まる発展段階説をもつ「スコットランド歴史学派」という概念は、生活様式の四段階理論へと明確化された。採取狩猟から遊牧を経て、農耕、最後に商業へと生活様式が発展するという歴史理論は、未開社会賛美批判、高貴な未開人の思想の拒否という、一見、冷徹な痩せた思想の産物のように見えるが、ロマンを捨てて、現実をリアルに見れば、まぎれもなく生活様式の不可逆的な文明化が生じ、最終的には商業社会に到達するのだという認識が、啓蒙の一八世紀に成立したのである。

それはモンテスキューやヒュームには見られないにしても、ケイムズ、スミス、ダルリンプルたちに明確に存在している。ミークはテュルゴにも類似の思想を見出し、その起源をプーフェンドルフにまで遡ろうとしたが、必ずしも明確な源泉をつきとめられなかった。それを一部、継承したのがホントであった。マルクス主義で育った研究者が、ミークやホントのように生活様式の四段階説に関心をもつのはごく自然であろう。なぜなら、マルクス主義の歴史観も、破綻したにせよ、発展段階説だからである。しかし、「自由主義的国教会主義」の研究から始めたフォーブズは、機械的な歴史図式にはさほど関心がなかったように思われる。歴史はもっと複雑である。

自然法思想の伝統

フォーブズは、科学的ウィッグ主義、懐疑的ウィッグ主義の思想を、自然法思想と関連づけている。彼は一九八二年の論文「自然法とスコットランド啓蒙」において、マルクス主義史家も「シヴィック・ヒューマニズム」の歴史家も、スコットランド啓蒙における自然法思想を顧みていないと断罪し、ハチスン、ヒューム、ケイムズ、スミス、ファーガスンなどの社会思想が自然法思想にもつ関連を強調した。他方で、彼はスコットランド啓蒙における共和主義を掘り下げることはしなかった。イングランドにおける共和主義についてもそうである。それは「懐疑的ウィッグ主義」と「通俗的ウィッグ主義」という概念装置の負の側面かもしれない。あえていえば、フォーブズは当時のカントリの政府批判の議論に「通俗的」な要素を見るあまり、ポーコックが析出した共和主義の伝統を事実上、無視し、結果的にそれを「通俗的ウィッグ主義」とほとんど同一視することになったように思われる。

自然法思想を重視するフォーブズの研究にハイエクが注目したのは、当然であったかもしれない。すなわち、ハイエクが自由主義の思想的基盤としての「自生的秩序」の思想を彫琢するに当たって参照したのは、ミークの研究ではではなくフォーブズの研究であった。経済主体の意図を越えて、完全競争市場はほぼ最適の結果をもたらす――というよりマクロ経済政策は全体主義と異ならず、自由市場経済のほうがましである――というのが、ハイエクの市場観であり、その認識を強固にするためにハイエクは歴史を遡った。彼が、その結果、スミスを越えて、ヒュームとマンデヴィルに辿りつき、さらにはイングランドのコモン・ロー、慣習法の思想にまで遡って、真の自由主義のルーツを跡づけていることは、今ではよく知られているであろう。ハイエクは、ポーコックをあまり参照していないが、しかし、ポーコックにサー・マシュー・ヘイルのコモン・ロー論の編集を促したことがあったらしい。それはポーコックの『古来の国制と封建法』を読んでいたからであろう。いずれにせよ、真の自由主義を、人間の作為にかかるとはいえ時間の試練を経て形成された慣習法であれ、人間の作為を越えた自然法であれ、人為を越えた秩序の概念に基礎づけるハイエクにとって、フォーブズの研究は示唆的であった。

4　ヒューム研究の頂点

『ヒュームの哲学的政治学』は、フォーブズの研究のなかで最も重要な貢献である。同書の価値はヒュームの政治思想に関するいまだ乗り越えられない研究であることにある。同書は、前述のように、奇しくもポーコックの『マキァヴェリアン・モーメント』と同じ一九七五年に出版されたが、以来、ヒューム政治思想・社会思想研究の現代の最高傑作、名著とされてきたし、その評価には誤りはない。

ヒュームは、ホッブズ、ロック、バークリの英国経験論の継承者であるが、自然法論者ではないといった類の理解がかつては流行っていた。それは『イングランド史』を無視するばかりではなく、『人間本性論』の第三編「道徳について」や『政治論集』などの内容を無視した議論で、要するにヒュームの認識論だけを念頭において論じられた視野狭窄の産物であった。しかしながら、二〇世紀後半から二一世紀かけて様々な分野からのヒューム研究が盛んとなり、そのような単純な通説は一掃された。ヒュームは、認識論だけではなく、道徳論、正義論、政治思想、経済思想、そして宗教論と歴史にまでわたって、詳細に研究されるようになった。国際的なヒューム学会が組織され、『ヒューム研究』*Hume Studies* 誌が刊行され、膨大な論文が書かれ、恐ろしいほど研究は高度化した。

ヒュームの「社会契約説」批判は自然法の否定ではなく、「社会契約」の思想をすべて拒否するものでもないことも明確にされたし、一八世紀におけるヒュームの思想の意義と重要性が、次第に明らかにされてきた。

ヒューム抜きの啓蒙思想は今では考えられないが、そうした新しい研究動向を開拓し、ヒューム研究の視野を拡げ、研究を牽引してきたのがフォーブズであり、「科学的ウィッグ主義」の思想家、さらには「懐疑的ウィッグ主義」の思想家として、スミス、ミラーとともに、ヒュームを把握するという画期的な解釈をフォーブズは打ち出した。それまでヒュームはしばしばトーリ史家ではないか、という解釈がなされてきた。それは、ヒュームがステュアート家のジェイムズ一世とチャールズ一世の行動と治世を再評価しようとしたからである。しかしながら、フォーブズのヒューム研究によって、より深い次元で、歴史家ヒュームの思想が把握されることによって、そのような解釈は一掃されることになった。

「科学的ウィッグ主義」(Scientific Whiggism) というのは、名誉革命 (ウィッグの革命) によって成立した均衡国制、自由の体制を、公平な学問的分析を通じて把握し、ウィッグ支配体制を正当化し、支持するものとして、ヒュームの思想的営みを理解する解釈から選ばれた表現であった。しかし、それの難点は「科学的社会主義」を連想させてしまいかねないという点にあった。そこで、体制に対してもより客観的な批判的態度を崩さないというヒュームの姿勢は懐疑的と称したほうが適切であるであるということから、フォーブズは後に「懐疑的ウィッグ主義」(Sceptical Whiggism) という表現に置きかえるようになった。

『ヒュームの哲学的政治学』の読者には明らかなように、フォーブズは、ヒュームとスミスの関係、ハチスンとの関係、そしてそれまでのトーリ史家やウィッグ思想家とヒュームがどういう関係にあるのか、そして結局のところヒュームはその著作で何をなしたのかを、詳細に、多くの原典——ほとんどすべてのヒュームの著作はおろか、関連する思想家の自然法学をはじめとする膨大な著作――を紐解き克明に読んで、文脈主義的に明らかにしている。そして啓蒙の哲学的政治学として政治学に力点を置きながら、ヒュームの思想の総体を把握したのがフォーブズであり、この研究は前人未到の画期的な研究である。現代のヒューム研究者はもはやフォーブズを避けて通ることは許されないし、いまだにこれを越えるヒューム研究は出ていないといって過言ではないだろう。

前述のように、当時、フォーブズはケンブリッジ大学の政治学・政治思想史のポストにあったが、今はハンガリー出身のイシュトファン・ホントが継承している。マルクス主義からも影響を受けた彼の歴史的な思想史研究は、当然のように、日本の政治思想史、社会思想史、経済思想史研究者にも大きな影響を与えた。ホントはイグナティエフと協力して、ケンブリッジで『富と徳』（一九八三年）に結実するプロジェクトを推進した。『富と徳』は、前述のように、つとに邦訳され（未来社、一九九〇年）、多くの研究者に歓迎された。そして少し経ってからであるが、ホント『貿易の嫉妬』が翻訳され、その前任者の著作が、続いて翻訳されることになった。残りはダンの研究である。ダンについては別の作品が翻訳されているから、翻訳の必要性はいささか少ないかもしれないが、翻訳は待望されている。

フォーブズはどちらかと言えば、寡作である。以下に著作リストを掲げておこう。

フォーブズの著作リスト

著書 *The Liberal Anglican Idea of History,* Cambridge U.P., 1952.

Hume's Philosophical Politics, Cambridge U.P., 1975.

編著 David Hume, *The History of Great Britain, The Reigns of James I and Charles I,* Penguin Books, 1970.

Adam Ferguson, *History of the Civil Society,* Edinburgh U.P., 1966.

論文 "*Historismus* in England", *The Cambridge Journal,* Vol.4, No.7, April 1951.

"James Mill and India", *The Cambridge Journal,* Vol.5, No.1, September 1951.

"The Rationalism of Sir Walter Scott", *The Cambridge Journal,* Vol.7, No.1, October 1953.

"Scientific Whiggism: Adam Smith and John Millar", *The Cambridge Journal,* Vol. 7, No. 11.（Aug. 1954）.

"Politics and History in David Hume", *The Historical Journal,* Vol. 6, No. 2（1963）.

"Adam Ferguson and the Idea of Community", *Edinburgh in the Age of Reason,* Edinburgh U.P., 1967.

"Introduction" to Hegel, *Lectures on the Philosophy of World History,* translated by H. B. Nisbet, Cambridge University Press, 1975.

"Hume and the Scottish Enlightenment", *Philosophers of the Enlightenment,* ed. by S. C. Brown, Sussex and New Jersey, 1975.

"Hume's Science of Politics", *David Hume: Bicentenary Papers,* ed. by G. P. Morice, Edinburgh, 1977.

"Natural Law and the Scottish Enlightenment", *The Origin and Nature of the Scottish Enlightenment,* eds. R. H. Campbell and Andrew Skinner, Edinburgh: John Donald, 1982.

"Aesthetic thoughts on doing the history of ideas", *History of European Ideas,* 27,（2001）, pp. 101-113.

注

(1) C. T. McIntire, *Herbert Butterfield,* Yale U. P. 2004, p. 136.
(2) *The Liberal Anglican Idea of History,* Cambridge U.P., 1952.
(3) Herbert Butterfield, *George III, Lord North, and the People, 1779-1780,* London : G. Bell, 1949.
(4) Peter Laslett ed., Sir Robert Filmer: *Patriarcha and Other Political Writings,* Oxford: Basil Brackwell., 1949. Do., ed., Locke: *Two Treatises on Government,* Cambridge U.P., 1960.
(5) John Dunn, *The Political Thought of John Locke,* 1969.
(6) Duncan Forbes, *Hume's Philosophical Politics,* 1975.
(7) J. G. A. Pocock, *The Machiavellian Moment,* 1975.（田中秀夫、奥田敬、森岡邦泰訳、名古屋大学出版会、二〇〇八年）
(8) Quentin Skinner, *The Foundation of Modern Political Thought,* 1978.（門間都喜郎訳、春風社、二〇〇九年）
(9) Istvan Hont and Michael Ignatief eds., *Wealth and Virtue: The Shaping of Political Economy in the Scottish Enlightenment,* Cambridge U.P., 1983.（水田、杉山監訳、未来社、一九九〇年）
(10) 田中秀夫監訳『ヒュームの哲学的政治学』昭和堂、二〇一一年。
(11) John Marshall, *John Locke, Toleration and Early Enlightenment Culture,* Cambridge U.P., 2006.
(12) John Robertson, *The Case for the Enlightenment: Scotland and Naples, 1680-1760,* Cambridge U.P., 2005.
(13) Ishtvan Hont, *Jealousy of Trade: International Competition and Nation-State in Historical Perspective,* Harvard U.P., 2005.（田中秀夫監訳、昭和堂、二〇〇九年）
(14) Mark Goldie and Robert Wokler eds., *The Cambridge History of Eighteenth-Century Political Thought,* Cambridge U.P., 2006.
(15) David Lieberman, *The Province of Legislature Determined : Legal Theory in Eighteenth Century*

Britain, Cambridge U.P., 1989.

（16） 今ではベルファーストにいるキッド（Colin Kidd, ?- ）は、スコットランド思想史を専攻しているが、フォーブズへの関心は見られないし、一国史的な思想史から帝国思想史、国際思想史へと研究を転回してきたアーミテージ（David Armitage, 1965-）もそうである。後者については *Itinerario,* Vol.36, Issue 2, August 2012 にインタヴュがあり、研究歴を語っている。

（17） John Burrow, “Duncan Forbes and the history of ideas: an introduction to 'Aesthetic thoughts on doing the history of ideas',” *History of European Ideas,* 27, 2001, p. 98.

（18） B. Young, “Enlightenment Political Thought and the Cambridge School”, *Historical Journal,* 52-1, 2009, p. 237.

（19） Gradys Bryson, *Man and Society, The Scottish Inquiry of the Eighteenth Century,* Princeton U.P., 1945.

（20） W. C. Lehmann, *Lord Kames and the Scottish Enlightenment,* The Hague: Nishof, 1971.

（21） Anand Chitnis, *The Scottish Enlightenment, A Social History,* London: Croom Helm, 1976.

（22） Jane Randall, *The Origins of The Scottish Enlightenment 1707-1776,* Macmillan, 1978.

（23） R. H. Campbell and Andrew S. Skinner eds., *The Origins and Nature of the Scottish Enlightenment,* Edinburgh: John Donald, 1971.

（24） “Scientific Whiggism: Adam Smith and John Millar”, *The Cambridge Journal,* Vol. 7, No.11, Aug. 1954.

（25） R. L. Meek, *Social Science and the Ignoble Savage,* Cambridge U.P., 1976.

第七章　啓蒙、共和主義、経済学——偶然を超えて

1　はじめに——回想から

この講演を個人的な回顧から始めさせていただきたい[1]。まず杉原先生と平井先生の思い出にふれたい。およそ三〇年前になるが、この学会（日本イギリス哲学会）ができるときに、私に入会を勧めていただいたのは、今は亡き平井俊彦先生である。大学院の博士課程のときである。先生が私を誘ってくださったのは、迷いに迷った末に、修士論文でホッブズに取り組んだからであると思う。学園紛争世代の生き残りとして大学院へと課題を持ち越した[2]という思いの強かった私は、共同体論に関心があって、そのような関心からようやく本格的に勉強を始めていたが、すでにマルクス経済学の理論的研究に行き詰まりの壁を感じていたし、ウェーバー学への郷愁とフランス革命思想への関心も断ち切って、複雑な思いの交錯するなかでホッブズに転じたのである。「イギリス経験論をやろう。」それがスローガンだった。先生にしてみれば、私を日本イギリス哲学会に誘っていただくというのも教育の一環であっただろう。

今は昔の面影がなくなった楽友会館で開かれた第一回の関西部会では、メモをとって、記事

を書くように先生から仰せつかって、書いたことを記憶する。杉原先生と初めてお目にかかったのはそのときなのだが、先生の著書の数冊は読んでいたものの、そのときは先生のことはまだよく分からなかった。やがて、一九八一年に甲南大学に職をえて赴任して、懇意にしていただいた。私は経済学史の担当として採用されたのだが、それは杉原先生の後任という含みであった。杉原先生は戦後に助手として京都大学に在籍されたときに、戦争責任を問う「総退陣」という事件に巻き込まれて、京都大学を去られた。大学紛争のあと、平井先生たちは経済原論のポストへの就任を杉原先生に懇願されたが、あまりに時間が経ちすぎたという理由で、固辞されたと聞く。ミルとマルクスから出発された杉原先生と、ロックとシャーフツベリの研究からスタートされた平井先生のことなどを、あれこれと反芻しながら、私は一八世紀啓蒙思想研究で一仕事をしたいと思うようになった。

大学院時代の知的放浪のなかで決定的な出会いがあったとすれば、それはジョン・ミラーの著作との出会いである。今、回顧するとそういうことになる。私は平井研究室でピーター・ゲイの『啓蒙』(*The Enlightenment*)を読んでいた。[3] やがて第二巻は翻訳が出たが、原書で読んだのは翻訳のない第一巻である。京都大学の経済学部図書室の一角をなす上野文庫には興味深い古典がたくさんあった。当時はまだ貴重図書に指定されていない古書がたくさんあり、借り出して読むことができた。ミラーの『階級区分の起源』[4] と『英国統治史論』[5] はそうした著作である。まず前者を翻訳しながら精読した。ここから私のミラー研究は始まった。同時にヒュームの翻訳のないエッセイも訳しながら精読した。

ミラー（John Millar, 1735-1801）は道徳哲学者アダム・スミスの弟子でグラスゴウ大学の法学教授を一七六〇年から一八〇一年まで務めた人物である。ミラーの著作は今述べた二点にとどまるが、いずれもきわめて興味深い内容の書物であって、しかもスミスの法学講義を継承する内容を多くもっている。ほかに一、二のパンフレット（『シドニーの手紙』、『クリトーの手紙』）の著者に擬されているが、寡作であることは否めない。けれども、法学教授としてのミラーの講義ノートは幾種類もあって、しかも膨大な量のものがグラスゴウ大学、エディンバラ大学、ミッチェル・ライブラリなどに残されている。統治論の講義ノートを別として、ローマ法や、イングランド法、スコットランド法についての専門的な議論を展開しているものなどは、素人には歯が立たない代物である。しかしミラーが刊行した二点の著作は支配の自然史、統治の歴史を内容とするもので、実定法の注釈ではなく、したがって社会思想のテクストとして読むことができる。そして下層階級の解放に肩入れする叙述には、ミラーの啓蒙思想家としての価値観が濃厚に漂っている。私はミラーに力点を置きながら、スミス、ヒューム、ハチスン、ケイムズ、ファーガスン、フレッチャーなどに関心を広げていったが、それはもう少し後のことである。

大学院の後期課程の時期には、水田洋先生の研究はいうまでもないが、山﨑怜さんが作成された「スコットランド歴史学派」に関するビブリオグラフィーが役に立った。小林昇先生と水田洋先生の大学院（経済学研究科と法学研究科）での集中講義からは圧倒的なインパクトをうけた。古書を集め始めたきっかけは、今は亡き川久保晃志さんにスコットランドのインナーリーセンのフリッツェルという古書店主を教えられたことである。その後、スパイク・ヒューズからも買うようになり、いまもまだ買っている。

こうして「啓蒙と経済学」が次第に私のメイン・テーマとなった。「自然法と歴史認識と経済学」の関連の研究と言い換えてもよい。甲南のスタッフとなった私は、杉原先生に時々話をうかがいながら自らの研究を「スコットランド歴史学派」の研究に絞っていったのだが、やがて「スコットランド啓蒙」という概念が次第に力をもつようになり、研究の視野の組替えを強いられもした。

甲南は研究費が潤沢だったが、スコットランド啓蒙関係の文献はほとんどなかったので、一から買い集めなければならなかった。龍谷大学にゴールドスミス・クレス・ライブラリのマイクロ・フィルムが入り、安価に利用できたのは助かった。大阪経済大のものも使わせてもらった。水田洋先生の尽力もあって、方々の大学図書館にスコットランド啓蒙関係の図書が入ったのもこの頃のことで、中央のヒューム文庫――我々大学院生の懇請に応じて小林昇先生に京都大学の大学院に集中講義に来ていただいたときに、そのリストを持参されていて拝見したが、我々には大学に購入を働きかけることなどできるわけがなかった――が利用できたのも幸だった。文庫に情熱を傾けられた池田貞夫さんには親切にしていただいた。ファーガスンのパンフレットとされている『シスター・ペグ』（*Sister Peg*）の初版と二版が手に入ったということで、満面に笑みをたたえて二冊を手にして話をされる池田さんの顔が思い出される。

けれども、私の研究はけっして順調ではなく、スコットランド歴史学派研究の先行研究（パスカル、ミーク、スキナー、スタイン）を参照して進めた私のミラー研究——一九八〇年代初頭——は、新しい研究視角を見出せずに、行き詰っていた。

その行き詰まりを打開するヒントとなったのはポーコックの思想史研究である。このとき参考になったのはMMではなくACFLであった。[6] ポーコックの難解な仕事は、取りつきやすいものではなかったが、この難物をある程度通過しないと先が見えないという印象をもっていた私は、一九八〇年代の前半（三〇代の前半）にポーコックの著作を集中して読んだ。[7] ポーコックの仕事は巨大であり、思想史方法論と、その実践としての思想史そのものと、大ブリテン史の見直しからなる。今日隆盛を迎えているケンブリッジ学派の思想史研究をリードしたのは、スキナー以上にポーコックである。パラダイムの概念を援用・彫琢して展開される政治言説史あるいは言語の政治学として知られる思想史方法論はとくに難解であった。

古来の国制という概念をブリテン人の「生来の自由」の基礎とするウィッグ・コモンローヤーの思想のイデオロギー性と、封建法を発掘したトーリ史家、スペルマンやブレディの実証性という対照性を析出したポーコックの言語論的転回との出会いは、それ自体、眼から鱗というべきすがすがしい経験であったが、それはまた私にとってはスコットランド歴史学派の封建社会論に接近する有力な手がかりとなった。封建社会論は、スミスにとってもそうであったが、ミラーにとってきわめて重要なトピックであった。彼らの意識では、ブリテンはようやく一六、一七世紀に封建的統治から商業的統治に移行したのであった。そういう移行を通してブリテンの国制は漸次構築されたという連続説が彼らの立場である。そしてそのような連続説を形成するにあたって、ハリントンのバランス・オブ・プロパティ論が媒介となったのではないかという着想を、私は誰よりもポーコックの研究からえた。

自由な国制としてのブリテンの国制は、合邦（一七〇七年）以来のスコットランドの国制でもあるが、それは古来の国制に始まるとしても封建法の影響をも受けて漸次形成されたものであって、ウィッグ＝コモンローヤーの古来の国制説もトーリ・モナーキストの封建法説もともに批判の余地があった。私はミラーが古来の国制説と封建法説を総合する立場に立っていることに気づくようになった。しかし、この点をいっそう明確に把握できるようになったのは一九八〇年代ではなく、おそらくミラー研究をまとめた一九九〇年代の終わりのことであったように思う。

このようにミラー研究のヒントになったのはACFLであったし、またPLT(8)からも示唆をえたが、ミラーの共和主義に言及したMM(9)はもちろん圧倒的で、MMに表現されたポーコックのシヴィック・ヒューマニズム研究は共和主義の伝統の実在とその迫力を眼前に突きつけていた。フォーブズの論文(10)も役立った。

自然法と歴史認識と経済学の関連という枠組は、共和主義との関係を意識するようになって複雑になった。こうして「啓蒙（自然法と歴史）、共和主義、経済学」という枠組で一七、一八世紀の大ブリテン（英国）、とくにスコットランドの社会思想史の展開を分析することが、私の問題意識となった。大体今から二〇年ほど前、一九八〇年代半ばのことである。それにはケンブリッジ学派の共同研究と『富と徳』[11]の影響もあった。

2　啓蒙（思想）——歴史的概念としての、永続革命としての

啓蒙思想は知性を信頼し、知は力なり（ベイコン）、敢えて賢かれ（カント）、ならず者をやっつけろ（ヴォルテール）、などのスローガンに示されるように、無知、暗黒、専制との闘いの思想であった、と私は考えている[12]。また多くの研究者が、名誉革命後のイングランドの思想を啓蒙思想と言わないのは、J・C・D・クラークと違って、それを基本的にアンシァン・レジームではないと考えるからではないかと思っている。これは少しラディカルな、あるいは乱暴な理解かもしれない。真理を追究する精神が啓蒙の精神である。自らの内外のアンシァン・レジームとの闘いと言ってもよいが、そうなると歴史的概念としては曖昧になるだろう。

啓蒙の武器は知性あるいは理性、学問あるいは科学である。知性はすべてを探究の対象とする。感情や情念にも理性の光をあて、理性をもしばしば圧倒する情念の力を抉りだしたのも啓

蒙思想である。啓蒙は真理を志向するものであり、真理探究の精神が、精神・思想と社会における暗黒とその支配者に対決した。対決の仕方と手段は多様であり、穏健な態度も急進的態度もあった。政治体制も教会も大学も人間の内部も啓蒙の対象となった。社会ももちろんである。保守的啓蒙（タッカー、バーク）と呼ばれるべきものさえあった。そして洗練された手法もあれば、暴力的な手法、すなわち革命もあった。啓蒙は思想にとどまらず、政治的行為、実践をともなった。

啓蒙は外部、他者と対立しただけではない。啓蒙の内部でも対立があり、論争は止むことがなかった。とくに社会的事実の分析に関しては、意見の一致は必ずしも容易ではないから、自然科学以上に社会科学では論争は絶えない。したがって、啓蒙は学問的寛容、思想的寛容を、論争とともに求めるであろう。ヴォルテールがフランスと比較しながらイングランドを羨望の眼差しで見ていた（『哲学書簡』）のは、このような自由の諸問題であったが、ヴォルテールは国情を考えて、急進的啓蒙ではなく啓蒙専制をフランスに求めた。

啓蒙の内外での対立は、他者や外部の敵との緊張関係、拮抗を超えて、正当化された力による他者や敵の支配ともなり、啓蒙内部でのヘゲモニー争いともなった。ヒュームが党派争いに対して警鐘を鳴らしたのは、もちろん、それが現国制を崩壊させかねないと見たからであるが、しかし、そのような診断の根底にあったのは、一七世紀の宗教戦争以来の狂信と熱狂に見てとった悲劇の洞察であったと思われる。こうして啓蒙（のある党派）が勝利し、それ自体がレジーム（体制）となるとき、事実として、自らが反動に転化することもありえた（これを「啓蒙の弁証法」と言ってよいだろう）。したがって、啓蒙は一方では、本来、理念として、スローガンとして、永遠でなければならず、「永続革命」という本質をもつ。すなわち、啓蒙は世代を超えて継承され、無知、暗黒、専制との闘いを導く精神でなければならないのだが、しかし、他方で啓蒙は、ハードな現実や現状維持を求める人間本性と衝突して、保守的態度を生み出すことも実際には存在する。こうした理念と現実との分裂はいかなる思想にとっても宿命のようなものかもしれない。

したがってまた、啓蒙は一八世紀に限定された、一八世紀に固有の思想なのではない。それが一八世紀の別名となったのは、この世紀に啓蒙の精神の象徴的、飛躍的な開花があったからである。歴史的概念として啓蒙は一八世紀に一つのピークをもつ近代思想を指す。しかし、その本質は知性への信頼を意味するものとしてより普遍的な射程（Scope）をもっている。普遍的な理念としての啓蒙というのは、比喩にとどまらない。超歴史的な概念としての啓蒙もまた有効な概念である、と私は考えている。ウェーバー的に、魔術の園からの覚醒、合理化の歴史そのものが啓蒙の歴史であるという捉え方も可能かもしれない。実際、科学的認識は不可逆的に前進するが、それは啓蒙の本質を端的に表現している。私はこのような二重の意味をもつものとして啓蒙の概念を考えている。

啓蒙は啓蒙思想家自身にも適用されなければならないであろう。科学は科学そのものをもその精神の対象にしなければならない。啓蒙はつねに自己批判をともなわなければならない。啓蒙の精神を個々の思想家はどこまで貫こうとしたのか、どこかで妥協したか、妥協したとすればそれはなぜか、反動化しなかったか。反動化したとすれば、それはなぜか。このような問題についても、思想史研究は啓蒙思想家のミクロな分析を行なう必要があるように思われる。それにはコンテクスト分析が不可欠である。したがって、思想史研究はきわめて複雑な分析を必要とする歴史研究なのである。

さらに啓蒙は個人の生き方ともならなければならないであろう。啓蒙とは価値的態度である。啓蒙は自らの内なる暗黒、野蛮、支配欲などとの闘いの原理となり、価値と質の高度化を求める精神の原理とならなければならないであろう。しかし、それは容易ではないし、啓蒙は葛藤を生むことにもなる。

それではスコットランド啓蒙の特徴はどのようなところにあるのか。後進的で貧困であったスコットランドは、フランスとイングランドの先進的文化と富を求めたのであるが、スコットランド啓蒙の特徴は、概括的に言えば、第一に、内容からすると、道徳哲学を母体として、大陸とイングランドから継承した自然法思想と、独自な文明社会史論としての歴史主義をもち、さらに共和主義の影響をうけて、法学、政治学、経済学を体系的に構築した包括性にあると思われる。

第二に、バックグラウンドと担い手についてみれば、制度的背景としては、スコットランド啓蒙の拠点となったのは、大学と教会と民間の協会やクラブ、そして出版界であって、その主たる担い手はケイムズ卿のような下層貴族と、ヒュームやスミス、ファーガスン、ロバートスンに代表されるような、中間階級を出自とする有能な人材であった。ここでは問題によっては違ったが、法律家、大学教授、スコットランド教会の穏健派の連携が見られた。スコットランドではいずことも同じくパトロネジは機能したが、フランス啓蒙のような貴婦人のサロンは欠いていた。エディンバラとグラスゴウはまさに啓蒙の都市であった。フランスでは大学も教会も啓蒙の拠点ではなかった。法曹界とパルルマン、サロンとクラブ、出版界がフランスにおける啓蒙の拠点であった(13)。このような文化的装置としての、啓蒙の都市の比較研究は、可能性のあるテーマであると思われる。

今では、このような認識が共有されつつあるように思われるが、ここにいたるまでの研究史をもう一度簡単にふり返っておこう。

第一に、啓蒙思想の研究において先行したのはその普遍性への注目であり、戦後先行したのも自然法思想の研究であったように思われる。ある時期まで啓蒙思想とは普遍的な法(則)を追究する自然法思想であるといった印象があった。ホッブズ、ロックは言うまでもなく、カント、ルソー、スミスもまた自然法思想家として注目された。ヒュームは自然法思想家であるかどうかが問題にされた。

それには、カッシーラー(14)の影響も大きかったが、自然法と人間本性、機械論的自然観と社会観、唯物論といった、時間を越えた普遍的な認識を目指したものが啓蒙思想であるとされる傾向が強かった。しかし、それではホッブズやデカルト、スピノザとヒューム、スミス、ルソーとの違いが軽視されてしまう。静態的な社会観として一括されるから、一八世紀の特徴は歴史変動に注目した点にあることが見えなくなる。

第二に、その後、今述べた、歴史変動への注目を重視する研究が出てくる。動態的な社会観への注目、空間から時間への理論の転換への着目がある。そういう歴史意識の登場に着目してスコットランド啓蒙を捉えたのが、『歴史主義の成立』を書いたマイネッケの伝統を受け継いだパスカルの先駆的な生活様式（Ways of Life, Manners）に着目した四段階論（Four Stages Theory）――狩猟、遊牧、農耕、商業――への注目であり、これを継承して研究を進めたのがミーク[15]、マクフィー[16]、レーマン[17]、スキナー[18]たちであった。ホントの研究も一部はこの系譜に加えてよいであろう。またポーコックのスコットランド学派理解も一部はここに入る。この生活様式の四段階論の成立に注目する研究は、スコットランドの貢献を特筆するものとなり、スコットランド歴史学派論はやがてスコットランド啓蒙の概念へと拡張された。

歴史学派論によって、自然法と歴史変動の関係に注目が集まり、歴史理論との関係を視野に、経済学の成立が従来とは異なる視角から考察されるようになった。すなわち、シュンペーターのように、重商主義的経済理論と自然法思想という二つの系譜との関連においてだけでなく、歴史理論との関連からも考察されるに至ったのである。この点の自覚はA・スキナーに明確にあるように思われる。しかし、それだけにはとどまらず、その後、経済学の形成は共和主義との関係でも問題にされるようになった。ホント＝イグナティエフ段階（『富と徳』段階）がそれで、そのヒントはポーコックが与えた。このような隣接領域の研究にダイナミックな展開が見られたのであるから、古典派の経済学史もシュンペーターからの書き換えが進まなければならないであろう。

第三に、啓蒙の歴史主義は、それぞれの地域の個性についても、「道徳的原因」がもたらす差異として関心をもち始めたのであって、その点も次第に注目されるようになり（フォーブズ、フィリップスン、ジョン・ロバートスン、舟橋喜恵）、「意図せざる結果」としての歴史発展論が「自生的秩序」論として強調されるようになった（フォーブズ、[19] ハイエク、[20] ハモウィ[21]）。したがって、文明化の概念をもった歴史理論や四段階論だけではなく、啓蒙の歴史認識は各地域、各国民の社会的・歴史的特殊性にも注目するようになっていった。[22] それは、一方での普遍的なものへの関心の明確化が、普遍化不可能なものの認識を逆に明確化することに寄与した、という関係にあったと思われる。啓蒙はスコットランドにおいて単純な合理的歴史ではなく、複雑で総合的な歴史社会学を生み出しつつあったのである。

それでは共和主義が問題になったのはなぜかの考察に進もう。それはスコットランド啓蒙研究では第四の段階の問題であった。

3 共和主義——自律と自由の思想

共和主義は、ポーコックによれば、ルネサンスのフィレンツェにおいて人文学者マキァヴェッリとグイッチャルディーニによって古典的遺産（とりわけアリストテレス）のなかから復興された政治社会についての独自の理解をもつ思想である。それは、政体としては専制の対立物としての共和政体を支持し、また主体としては腐敗に対抗する市民の徳の概念とその基礎としての所有（土地財産）を重視することによって、政治社会の現実と規範に迫る思想として、他の知的伝統と多様な関係に立ちながら、一七、一八世紀のヨーロッパ各地に受け継がれ、それぞれの地域で独自の伝統を形成した。

共和主義の共通の理解では、人間の完成は共和政体の国家を市民として構築し、支える政治的行為を通して初めて可能になるが、共和国は時間のなかでつねに腐敗する脅威にさらされており、市民はみずからの徳を発揮する（政治的軍事的行為の優位）ことによってこの脅威に対処しなければならない。市民の徳が腐敗するとき（個人的権力欲の追求の優位）、共和国は崩壊する。

イングランドにおいては、共和主義は、ハリントンによって農本主義と結合して、有力な思想的伝統となった。その後、ハリントンの弟子によって商業社会に対応する思想に変容されたけれども、そもそも商業社会の思想でもブルジョア・イデオロギーでもない思想である共和主義は、イングランドでは体制批判の思想、カントリ・イデオロギーとして展開され、やがてアメリカ独立を導く知的源泉の一つになる。

一八世紀のブリテンはウィッグとトーリの対立だけではなく、コート（宮廷＝与党）とカントリ（地方＝野党）の対立によっても特徴づけられるということは今ではよく知られている。このような理解自体は第二次大戦後はやくに成立した。とすれば、一八世紀のブリテンの政治思想もウィッグの契約論＝功利の原理、トーリの神授権論＝権威の原理の対立として把握されるにとどまらず、[23]コート・イデオロギー（議会における国王＝議会主権、イングランド銀行と信用経済への信頼、常備軍、帝国）とカントリ・イデオロギー（共和主義、均衡国制論、土地・農業・実物産業活動の重視、民兵軍、独立国家）の対立として早晩把握されることが予想された。

一八世紀ブリテン研究は戦後、はなばなしい展開を遂げた。プラム[24]とディクスン[25]に始まり、ポーコック、ディキンスン[26]を経て、リンダ・コリー[27]、ジョン・ブリュア[28]、ケイン＝ホプキンズ[29]、アーミテージ[30]などの優れた研究によって一八世紀大ブリテン史は根底的に書き換えられてしまった。今日、プロテスタントの複合君主政国家から軍事財政国家、海洋帝国へとダイナミックに転換しつつある大ブリテン像が成立しつつある。この大きなコンテクストとフレームワークのなかにそれぞれの思想家を再定置する必要があるだろう。

思想史方法論、ブリテン史の書き換えにも主導的な役割を果たしたポーコックであるが、とりわけその共和主義の理解に関しては、様々な異論と批判が展開されてきた。そもそも共和主義の同義語として「シヴィック・ヒューマニズム」を採用したことに批判があった。後者は「市民的人文主義」と訳すのが最も自然な訳語であろうが、英米であれ、日本であれ、「市民的人文主義」と聞いて共和主義を想起できる人は少ないであろう。ポーコックは「公共的人間主義」というニュアンスで用いているのであるが、邦語として何を採用すべきか、決定するのはきわめて困難である。

また僚友スキナー自身が、有力な批判者の一人となった。スキナーは自然法思想と共和主義の峻別に批判的で、「自由主義に先立つ自由」の思想をローマに起源を有するネオ・ローマ思想であるとし、それを二つの要素の総合であったと見ている。[31] ジョン・ロバートスンもストア的自然法思想と共和主義は融合しており、ポーコックのように分離することは困難であると見ている。[32] 成否はどうあれ、英米の研究では、コンテクスト分析によって解釈の衝突が起こって、それが論争を呼び、刺激となって、ダイナミックな研究の展開が生じていることが重要である。

わが国では一八世紀の大ブリテンの思想史研究はメジャーな思想家のテクスト分析になる傾向が強い。ホッブズ、ロック、ヒューム、スミスなどの個別研究では優れた研究があり、研究水準も高いけれども、わが国では十分な歴史的コンテクスト分析にまで進まないことが多く、概して共和主義の思想的系譜もその意義もあまり理解されてこなかった。また理解を訴えるような有力な研究が生まれるに至ってもいない。研究の紹介も十分ではなかった。

もちろん研究の紹介がなかったわけではない。ベントゥーリのトレヴェリアン講義の翻訳[33]は貴重であったが、ポーコックの『徳・商業・歴史』の翻訳の意図は、英米と日本の研究の大きな隔たりを少しでも埋めることにあった。[34]スキナーの『マキャヴェッリ』の邦訳[35]と『自由主義以前の自由主義』の邦訳も意義があった。けれども、こうした紹介と消化がまだ十分でないことは言うまでもない。ロビンズの『一八世紀のコモンウェルスマン』[36]が翻訳されなかったことのマイナスの遺産もあるが、今ではMMの翻訳によって、はやくこの空隙を埋める必要があると思われる。しかもMM以後の共和主義研究はすでに厖大な成果を生むに至っている。[37]私が共訳者に支援してもらって行なったMMの翻訳[38]では、二〇〇三年版に加えられた後書きのほかにMMR[39]を加えることによって、MM以後四半世紀以上にわたる論争史のポーコックによる理解と整理を紹介することにした。それは論争全体の公平な分析とは言えないかもしれないが、論争の全貌に迫る手がかりになる。

また共編著『共和主義の思想空間』[40]が目指すものは、ポーコック以後の欧米の共和主義研究を参照しながら、英国を中心としつつもヨーロッパにも視野を広げた共和主義の共同研究であって、わが国の研究の基礎を築くことである。

では啓蒙と共和主義の出会いは偶然だったのか。啓蒙の精神をかすかに見出すことは可能だとしても、あるいは啓蒙の課題に直面していたという分析は可能かもしれないけれども、マキァヴェッリもハリントンも、いまだ啓蒙思想家とは言いがたい。モアやベイコンは初期啓蒙思想家という資格をもっているように思われるが、彼らは広義のコモンウェルスマンだとしても共和主義者とは見なしがたい。啓蒙が共和主義と出会うのはいつであろうか。おそらくフレッチャーは初期啓蒙の思想家と見なすことができるであろう。ハチスンになれば、啓蒙思想と共和主義はしっかり連携する。こうしてスコットランド啓蒙と共和主義の出会いが問題となり、ポーコックの研究に先導されて、やがて『富と徳』へとつながっていく。

自然法はホッブズのように絶対主権と結合する場合もあれば、シドニーのように共和主義と関連をもつ場合もある。イングランドとアイルランドでは、トーランドのような理神論者の急進的啓蒙が共和主義を伝えた。(41) そしてモールズワースのような貴族知識人は、穏健な共和主義とロック的、ウィッグ的な啓蒙思想を結合した。

啓蒙は民主主義を目指すが、その途上で共和主義と出会った、と言うべきかもしれない。歴史的には、大ブリテンの（貴族主義的な）共和主義は民主主義の先駆形態という意味をもった。商業社会の発展は富の拡散を通して貴族的な共和主義の基盤を解体する。こうして共和主義はやがて大衆化を余儀なくされる。そうしたときに徳はいかにして維持できるであろうか。共和主義の大衆化は、共和主義的民主主義（ペイン）、直接民主主義（チャーチスト運動）を経て、間接民主主義、代議制民主主義（J・S・ミル）になるであろう。

いずれにせよ、啓蒙と共和主義の関係はたんなる偶然以上のものがあると思われるが、歴史的な概念としての啓蒙がやがてロマン主義と功利主義にとってかわられるように、一九世紀のブルジョアの世紀には、共和主義も民主主義にとってかわられる傾向がある。

4　経済学――商業ヒューマニズムと商業文明の物質的基礎の学

啓蒙は無知蒙昧の世界を開き、自らの啓蒙の世界に導いていく。したがって、啓蒙は教育の普及（学校）、社会の民主化（議会政治、合意による意思決定、権力の分散・多元化・複数性あるいは三権分立）と関連をもつし、それはまた宣教にも似ている。言論出版の自由は啓蒙の最大の装置（インフラ）である。言論出版の自由がないところには、各種の自由、政治的自由、市民的自由もなければ、営業の自由、経済的自由もない。自由な教育もない。言論出版の自由を認めない啓蒙専制は、啓蒙の一類型ではあるが、制限された、妥協的な類型である。一党独裁社会も啓蒙と対立する。啓蒙は政治と社会に複数性、多元性、民主化を求める。しかし、啓蒙が持続的に可能になるためには富、すなわち剰余が必要で、商業・流通の富ではなく、農業と製造業（Industry）の生産力の上昇がなくてはならない。掠奪型の富ではなく、生産型・創出型の民富（経済的な意味でのコモンウェルス）がなくてはならない。

啓蒙の起源はルネサンスの人文主義に遡るといってよいように思われるが、本格的には一八世紀の英仏で開花した。その基礎は富の蓄積にある。イングランドでは中間階級に広く富が行き渡った。フランスでは上流階級が多くの富を独占し、中間階級はイングランドほどには成長しなかった。そのことが両国の啓蒙の装置に差異をもたらした。

とはいえ、一国の富を産業の成果として分析する経済学が両国で盛んに展開された。もちろん、経済についての考察は、アリストテレス以来の長い前史がある。けれども、一つの体系性をもった理論として経済学が形成されるのは一七世紀のヨーロッパ、とりわけイングランドにおいてであり（ペティ）、その本格的な確立は、一八世紀の中葉から後半にかけて、スコットランド（ヒューム、ステュアート、スミス）とフランス（ケネー、テュルゴ）において遂行された。それが英仏古典経済学と言われるものである。

両国ともに外国貿易の利益を追求したが、同時にフランスのエコノミストは農業の生産性を重視し、英国のポリティカル・エコノミストは農業の剰余が商工業を拡大するという国内の農工分業を重視した。現代的な言い方をするなら、持続的発展をいかにして実現するか、ゼロ・サムの克服、パイの拡大、実質的な経済成長、それが問題であった。

啓蒙を導くのは直接には科学（技術）精神であるが、根底的には富であるという意味で、経済学は啓蒙の戦略的学問である、というのが私の理解である。経済学において強固な理論が構築されれば、社会の持続的成長、諸国の平和友好的な共存は夢でなくなるであろう。国際平和の原理である「勢力均衡」は富の均衡によって裏づけられなければならない。「平和の産業」が近代的な商工業、すなわち経済であったとすれば、経済学は「平和の産業」の原理の学であった。競争がないと社会はスタティックとなり、やがて衰退する。経済的競争とその上での文化的競争（emulation）は社会のダイナミズムを維持する活動である。そのような意味で経済学を啓蒙の戦略的学問と称してよいだろうというのである。

私見では、「生産的労働」の概念の確立が古典経済学のコーナー・ストーンである。古典経済学にはフランス型＝農業中心主義と英国型＝農工分業中心主義があり、両者はともに重商主義＝流通主義と対立した。国際的にはこれら三形態は競争的であるとともに、相互補完的（依存的）であった。このような競争、抗争、論争を展開しながら、啓蒙の時代に経済学はパイの略奪（歴史とともに古い）からパイの拡大（生産＝近代的原理）への転換を展望するようになった。

初期啓蒙の時代の、フランスに発するたわいのない「古代近代優越論争」は、一七世紀においては文学論から始まったが、一八世紀の中葉になると社会の原理の優劣を問う論争となり、政治経済問題に土俵を移すようになる。有名なウォレスとヒュームの人口論争は、もはやたんなる人口の大小を争う論争にとどまらず、社会の原理を争う論争であった。すなわち、古代人口の方が優に勝っていたとしたモンテスキューの説を受けて、近代の奢侈の害を重視し古代優位論を説いたウォレスに対して、ヒュームはスパルタ的な軍国主義に象徴される古代社会の原理より、英仏の商業的な自由に表現された近代社会の原理の方が、人間的で優れていると応酬した。

イタリア、スペイン、ポルトガルの商業の盛衰とオランダの持続的成長を既成事実として知りえたフランスとブリテンのエコノミストは、富の流通としての商業は一過性に終わる可能性があることを認識できる立場にあった。彼らは、商品となる財貨が途絶えれば流通＝循環は終焉し、商業的繁栄が衰亡することから、持続的繁栄の基礎を流通の外部に求めた。その結果、それぞれの国情に応じて、農業大国フランスは重農主義を、海洋国家英国は商工業を機軸とする経済学を構築した。経済学は文明社会の根底を支える社会の原理を解明し、社会の繁栄にとって適切な政策を提案するものであった。重商主義は初期啓蒙の時代には常識であった。それを農業の生産性の概念によって批判し、流通から生産へと視座を転換したのは重農主義であった。重農主義の偏狭さを批判し、生産性の概念を手工業（製造業）に拡大したのが、大ブリテンの経済学者であった。

啓蒙が開きつつあった自由で、豊かな文化を支える社会の物質的基礎に関する学、すなわち経済学は、このように、啓蒙の精神、批判的な学問精神によって生み出された。したがって、啓蒙と経済学は、関連があった。私は啓蒙と経済学の偶然にとどまらない関係を、おおよそのところ、このように展望して研究を進めてきた。

しかし、啓蒙の時代は植民地獲得をめぐる戦争の時代であり、ヨーロッパが帝国的支配を目論んで、非ヨーロッパ世界の侵略を本格化させた時代であったことに目を閉じるわけにはいかない。封建的奴隷制（農奴制）が国内で廃止された啓蒙の時代に、植民地奴隷制が成立することをどう理解すればよいのか。大局的な史実をふりかえれば、平和の産業の国内的確立は、事実として、対外的侵略、戦争産業に媒介されていたのではなかったか。

それは啓蒙の原罪であり、経済学の原罪であると考えるべきなのか。共和主義もまたフランスなどの諸国では民衆の暴力に媒介され、独裁政治をもたらしたのではないか。大ブリテンの共和主義は権力を握らなかったから自制的であったにすぎないと考えるべきなのか。啓蒙、共和主義、経済学に対して、こうした批判もありうるであろう。しかし、これは短絡的な問題提起である。

危機の時代でもあった一七世紀はともかく、一八世紀の啓蒙、共和主義、経済学の思想家は侵略、戦争、奴隷制支配を意図したのではない。意図を正確に理解するためにはコンテクスト分析が決定的に重要であることを強調したのはスキナーである。ポーコックもまた思想史の単純化を批判してきた。しかし、彼らの思想がイデオロギーとして利用され、悪用され、彼らの意図を裏切る弁証法を帰結したとすれば、それはそれとして別個に歴史的に解明しなければならないであろう。そういう問題を棚上げして、近代の思想を賛美するのは素朴に過ぎる態度である。これも歴史研究の課題である。

私がE・P・トムスンに関心をもつのは、トムスンが抉り出そうとしているモラル・エコノミーの概念、民衆思想は、こうした啓蒙への批判を突きつけているように思うからである。[42]しかし、民衆思想を絶対化するのも問題である。したがってPE（Political Economy）とME（Moral Economy）の関係は、私にとって、もう一つのアジェンダである。

私は、おおよそのところ、大ブリテンの近代思想の歴史をこういった角度から考えてきた。

現在の課題は、啓蒙のなかで、自然法ヒューマニズムとシヴィック・ヒューマニズムとの関係において「商業ヒューマニズム」がいかなるプロセスで成立するのかをもっと明確に把握しなければならないということである。[43]ポーコックが示唆したように、一八世紀後半の大ブリテンにおいて徳の概念が変容し、生活様式の洗練と区別しがたくなる。Virtue から Manners への力点の移行。ポーコックによれば、穏和な習俗をもたらしたのは商業ヒューマニズムであった。商業ヒューマニズムは、したがって、シヴィック・ヒューマニズムの転化形態、あるいは後継者である。もはや古典的な徳によって社会を維持する必要はない。少なくとも古典的徳は二義的なものとなりうる。穏和な習俗、社交性によって、社会は持続的に繁栄を続けることができる。その根底にあったのは経済的再生産構造の確立である。

最後に、当面の課題について、一言。第一に共和主義思想史をもう少し明確につかむことが必要であると思う。最近の膨大な関連文献も読まなければならないが、原典自体をじっくり読みたいと思っている。さらに一八世紀の共和主義の諸類型を明確にし、一九世紀の社会主義や国家主義との関連を追究することもしてみたい(これはクレイズが先鞭をつけている)[44]。第二に、先にふれたように、商業ヒューマニズムの思想的系譜をたどる仕事がある。これは自然法、共和主義との関係が当然に問題になるし、モラル・エコノミーとの関係ももっと深く追究しなければならないであろう。こうした方向の歴史研究を通して、啓蒙、共和主義、経済学の、偶然にとどまらない複雑な関係を、解きほぐし、明らかにしたいと考えている。

My work is still to be done.

注

（1）本章は日本イギリス哲学会第二九回大会（神戸大学、二〇〇五年三月二九日）において行なった講演（会長講演）である。

（2）それは、マルクス主義とは何であったのかを考えることでもあった。

（3）Peter Gay, *The Enlightenment*, 2 vols, New York: Knopf, 1966, 1969.

（4）John Millar, *The Origins of the Distinction of Ranks, or, An Inquiry into the Circumstances which give rise to Influence and Authority in Different Members of Society*, 3rd ed. 1781（*Observations concerning the Distinction of Ranks in Society*, London: John Murray, 1771）.

（5）John Millar, *An Historical View of the English Government*, 3rd ed. 4 vols. 1803.（First, 1787, Strahan, Cadell and John Murray）

（6）J. G. A. Pocock, *The Ancient Constitution and the Feudal Law*, Cambridge U.P., 1957.

（7）その成果は「ポーコックの思想史研究とスコットランド啓蒙（上・下）」、『甲南経済学論集』一九八四－八五年（後『共和主義と啓蒙』ミネルヴァ書房、一九九八年収録）となった。

（8）J. G. A. Pocock, *Politics, Language, and Time*, Atheneum, 1971.

（9）J. G. A. Pocock, *The Machiavellian Moment: Florentine Political Thought and the Atlantic Republican Tradition*, Princeton U.P., 1975.

（10）Duncan Forbes, "Scientific Whiggism: Adam Smith and John Millar", in *Adam Smith Critical Assessments*, ed. By J. C. Wood, Vol. 1, 1984. Do, *Hume's Philosophical Politics*, Cambridge U.P., 1975. Do., "Sceptical Whiggism, Commerce and Liberty", in *Essays on Adam Smith*, eds. A. S. Skinner and T. Wilson, Oxford U.P., 1976.

(11) Istvan Hont and Michael Ignatieff eds., *Wealth and Virtue: The Shaping of the Political Economy in the Scottish Enlightenment,* Cambridge U.P., 1983.

(12) M・フーコーは「知」がミクロな権力であることに鋭い分析を向けた。しかし、だからといって知を全否定したとはいえないだろう。

(13) 啓蒙を多様なプロジェクトと地域的差異をもった思想と運動として解釈する傾向はアナール派によって進められたが、最近また共通の側面を強調する見解も出始めている。*New History of Ideas Dictionary* の「啓蒙」(By Michael C. Carhart, vol.2, 2005, Thomson Gale）の項目を参照。

(14) Ernst Cassirer, *The Philosophy of the Enlightenment,* Boston, 1964（Originally, 1932). 日本ではボルケナウ『封建的世界像から市民的世界像へ』（水田洋他訳、みすず書房、一九五九年）の影響も大きかった。

(15) R. L. Meek, *Social Science and the Ignoble Savage,* Cambridge U.P., 1976.

(16) A. Macfie, *The Individual in Society,* London: George Allen & Unwin, 1967. 舟橋、天羽、水田訳『社会における個人』ミネルヴァ書房、一九七二年。

(17) W. C. Lehman, *John Millar of Glasgow,* Cambridge U.P., 1960.

(18) Andrew Skinner, "Economics and History: The Scottish Enlightenment", *Scottish Journal of Political Economy,* 12, 1965. "Natural History in the Age of Adam Smith", *Political Studies,* 15, 1967. A *System of Social Science,* Clarendon Press, 1979（田中敏弘他訳『アダム・スミスの社会神学体系』未来社、一九八一年）、"The Shaping of Political Economy in the Enlightenment", *SJPE,* 37, 1990.

(19) D. Forbes, "Scientific Whiggism: Adam Smith and John Millar", *Cambridge Journal,* 7, 1954. "Sceptical Whiggism, Commerce and Liberty", in Skinner and Wilson eds., *Essays on Adam Smith,* OUP, 1975. *Hume's Philosophical Politics,* Cambridge U.P., 1975.

(20) Hayek, *Individualism and Economic Order,* London: Routledge, 1948. *Studies in Philosophy, Politics, and Economics,* London: Routledge, 1967. *New Studies in Philosophy, Politics, Economics and the History of Ideas,* London: Routledge, 1963.

(21) R. Hamowy, "The Scottish Enlightenment and the Theory of Spontaneous Order", *Journal of the*

History of Philosophy Monograph Series, South Illinois U.P., 1987.

(22) M. Teich and R. Porter eds., *Enlightenment in National Context*, Cambridge U.P., 1981.

(23) これが内田義彦『経済学の生誕』未来社、一九五三年段階の理解であった。

(24) J. H. Plumb, *The Growth of Political Stability in England, 1660-1730*, Macmillan, 1967.

(25) P. G. M. Dickson, *The Financial Revolution in England: A Study in the Development of Public Credit*, Macmillan, 1967.

(26) H. T. Dickinson, *Liberty and Property*, Methuen, 1977.（田中秀夫監訳『自由と所有』ナカニシヤ出版、二〇〇六年）

(27) R. Colley, *Britons: Forging the Nation 1707-1837*, Yale U.P., 1992. 川北稔監訳『イギリス国民の誕生』、名古屋大学出版会、二〇〇〇年。

(28) John Brewer, *The Sinews of Power; War, Money and the English State, 1688-1783*, A.Knopf, 1989. 大久保桂子訳『財政＝軍事国家の衝撃』名古屋大学出版会、二〇〇三年。

(29) P. J. Cain and A.G. Hopkins, *British Imperialism: Innovation and Expansion 1688-1914*, Longman. 1993. 竹内幸雄、秋田茂訳『ジェントルマン資本主義の帝国』I、II、名古屋大学出版会、一九九七年。

(30) D. Armitage, *The Ideological Origins of the British Empire*, Cambridge U.P., 2000.

(31) Q. Skinner. *Liberty before Liberalism*, Cambridge U.P., 1998. 梅津順一訳『自由主義以前の自由主義』聖学院大学出版会、二〇〇一年。

(32) J. Robertson, *The Scottish Enlightenment and the Militia Issue*, John Donald, 1985.

(33) F. Venturi, *Utopia and Reform in the Enlightenment*, Cambridge U.P., 1971. 水田洋、加藤喜代志訳『啓蒙のユートピアと改革』みすず書房、一九八一年。

(34) J. G. A. Pocock, *Virtue, Commerce, and History*, Cambridge U.P., 1985. 田中秀夫訳『徳・商業・歴史』みすず書房、一九九三年。

(35) Q. Skinner, *Machiavelli*, OUP, 1981（塚田富治訳『マキャヴェッリ』未来社、一九九一年）。

(36) C. Robbins, *The Eighteenth-Century Commonwealthman*, Harvard U.P., 1959.

(37) さしあたり、M. Gelderen and Q. Skinner eds., *Republicanism, A Shared European Heritage*, 2 vols. Vol.1. *Republicanism and Constitutionalism in Early Modern Europe*, Vol.2. *The Values of Republicanism in Early Modern Europe*, Cambridge U.P., 2002を参照。

(38) ポーコック、田中、奥田、森岡共訳『マキァヴェリアン・モーメント』名古屋大学出版会、二〇〇八年。

(39) J. G. A. Pocock, "The Machiavellian Moment Revisited: A Study in History and Ideology", *The Journal of Modern History*, Vol.53, No.1. 1981.

(40) 田中秀夫、山脇直司共編『共和主義の思想空間』名古屋大学出版会、二〇〇六年。

(41) M. Jacob, *The Radical Enlightenment: Pantheists, Freemasons, and Republicans*, Allen & Unwin, 1981. ジェイコブによって汎神論、フリーメイスン、共和主義に結び付けられた「急進的啓蒙」の概念はイスラエルによってスピノザに発する変革思想としての啓蒙思想に拡大された。J. Israel, *Radical Enlightenment: Philosophy and the Making of Modernity 1650-1750*, OUP. 2001.

(42) E. P. Thompson, *Customs in Common*, Merlin Press, 1991.

(43) 試論として私の「帝国の野望を弾劾する――アダム・スミスの商業ヒューマニズムと共和主義」、『思想』二〇〇五年四月号を参照。

(44) G. Claeys, *Machinery, Money and the Millennium: From Moral Economy to Socialism, 1815-1860*, Princeton U.P., 1987. *Citizens and Saints : Politics and Anti-Politics in Early British Socialism*, New York : Cambridge U.P., 1989

あとがき

本書の各章の初出（　）は以下の通り。

第一章　小林昇経済学史学の根底にあるもの
（『調査と研究』第三八号、二〇一二年一〇月）

第二章　内田義彦とイギリス思想史研究
（『経済論叢』第一五七巻五・六号、一九九五年五・六月）

第三章　自然法、共和主義、スコットランド啓蒙——水田文庫と私の研究
（『名古屋大学附属図書館年報』第九号、二〇一〇年三月）

第四章　ポーコック思想史学との出会い（未発表）

第五章　戦後啓蒙、市民社会論とケンブリッジ思想史研究
（『調査と研究』第三三号、二〇〇六年四月）

第六章　フォーブズのスコットランド啓蒙研究
（フォーブズ『ヒュームの哲学的政治学』昭和堂、二〇一一年の解説）

第七章　啓蒙、共和主義、経済学——偶然を超えて
（『イギリス哲学研究』第二六号、二〇〇六年三月）

筆者は、大学院で社会思想史、経済学史を専攻に決めて、まず一七世紀イングランドの革命思想、とりわけ『リヴァイアサン』で知られるホッブズの社会哲学に取組み（修士論文はホッブズで書きました）、続いて一八世紀のスコットランドの思想家、ヒュームの経済思想の研究を始めました。自由主義の研究です。

その後、視野を広げて、ヒュームだけではなく、より広くスコットランド啓蒙の研究を主要な課題として研究しました。スコットランド啓蒙というのは、ヒュームやスミスといった思想家を生み出した一八世紀のスコットランドの文化と学問の華々しい展開を指す言葉です。それは英米とヨーロッパで一九七〇年代後半から一般的に使われ始めた言葉・概念です。わが国では先駆者水田洋教授がこの研究動向に関与していました。私はこうして偶然ながら、英米の研究（者）と同時代的にスコットランド啓蒙の研究を進めることになります。ヒューム、スミスの他にケイムズ、ハチスン、フレッチャー、ファーガスン、ミラーなどについて論文を書き、『スコットランド啓蒙思想史研究――文明社会と国制』（名古屋大学出版会、一九九一年）で博士学位をえました。

人口二〇〇万人に満たないこの時代の小国スコットランドで、四大学および市民的公共圏を拠点にして近代の学問・科学の急速な発展が実現したのはなぜか、またその啓蒙思想はスコットランド社会とその他の社会や世界の変革にどのような影響を与えたか、その遺産はその後の学問や思想の発展にどのような影響を与えたのかというのが、研究主題となったわけです。

こうしてスコットランド啓蒙を中心とする研究として、続いて『文明社会と公共精神』(一九九八年)、『啓蒙と改革――ジョン・ミラー研究』(一九九九年) などを執筆し、またヒューム研究史上の画期的な書物であるD・フォーブズ『ヒュームの哲学的政治学』の監訳を行ないました(二〇一一年)。二〇一二年一月にはスコットランド啓蒙の影響をアメリカの近代に探る『アメリカ啓蒙の群像――スコットランド啓蒙の影の下で一七二三‐一八〇一』を出版しましたから、研究はアメリカにまで到達しました。また関連する古典の翻訳として、ハチスン『道徳哲学序説』(京都大学学術出版会、二〇〇九年、津田耕一と共訳) とヒューム『政治論集』(同、二〇一〇年、これは単独訳) があります

次にとくに努力したのは共和主義の研究です。ポーコック『徳・商業・歴史』の単独訳(みすず書房、一九九三年)、『共和主義と啓蒙』(ミネルヴァ書房、一九九八年)、共編『共和主義の思想空間』(名古屋大学出版会、二〇〇五年)、ポーコックの共訳『マキァヴェリアン・モーメント』(同、二〇〇八年) などですが、共和主義というのはヨーロッパの共通の伝統として、自然法思想とともに、民主主義や自由主義を生み出す基盤となった思想であります。共和政体を重視し、共和政体は市民の公共の徳がないと維持できないことを強調する思想として歴史的な役割を果たしてきたのですが、私は現代的意義もなくなってはいないと考えています。自由主義はしばしば腐敗を生み出しますから、その批判として古代的な「卓越の思想」としての共和主義が様々に継承され発展させられてきたことは無視すべきではないと思います。共和主義に関

連するものとして、ホント『貿易の嫉妬』（昭和堂、二〇〇九年、監訳）もあります。

第三に、現代の社会経済思想に関連する仕事として、経済学を含めたハイエクの思想への関心から、師匠を手伝ってハイエクの翻訳『市場・知識・自由』（一九八六年、田中真晴との共訳）を行なうとともに、ハイエクの同僚でもあったロンドン・スクールのL・ロビンズの『一経済学者の自伝』（二〇〇五年、監訳）などの翻訳もしましたが、また開発経済学者として著名なハーシュマンの自伝的な『方法としての自己破壊』（法政大学出版局、二〇〇四年）の翻訳も行なっています。

またホッブズに始まる近代自然法の研究は、『社会の学問の革新』（ナカニシヤ出版、二〇〇四年）を経て、シュナイウィンドの監訳『自律の創成』（法政大学出版局、二〇一一年、訳者は逸見修二）につながっています。

私の仕事は、以上がすべてという訳ではありませんが、総じて、近代社会とはいかなる社会かという主題について、思想史の立場から考察を加えてきたと言えるように思います。現代社会はポスト・モダンと言われることが多いのですが、基本的に近代社会の延長上にあります。市民の政治的な自己決定としての被治者の同意に基づく統治、経済的自由を含む市民的自由、基本的人権の尊重などの近代社会の原理は、わが国にはほぼ確立していますが、政治的・社会的な問題への市民の無関心や為政者の腐敗もしばしば見られますから、この状況は一八世紀とさほど異ならないように思われます。

私は、啓蒙思想史研究を通じて様々な角度から近代社会の原理を考察し、それを現代社会の諸問題を考える方法ともしてきたように思います。私のささやかな思想史研究を導いてくれたのは、わが国の幾人かの先駆者たちであり、ケンブリッジを中心とする幾人かの英米の思想史家でありましたから、本書はそうした先駆者たちの仕事から研究の対象と方法をいかに学んできたかという個人史を語るものともなっていますが、力点は思想史方法論にあると思っています。

本書もまたアカデミズムの範疇に属する仕事ですが、私の京都大学の定年に合わせて刊行することにしました。いくらか「センスのある」軽量の本にしたいと思っていたのですが、本書がそのようなものとなっているかどうか、また思想史の方法論として意味のあるものとなっているか、その判断は読者に委ねます。

最後になりましたが、本書は京都大学学術出版会の学術選書の一冊として刊行していただくことになりました。鈴木哲也さん、國方栄二さんにご尽力いただきました。厚くお礼申し上げます。

田中　秀夫

田中　秀夫（たなか　ひでお）

1949年　滋賀県に生まれる
1978年　京都大学大学院経済学研究科単位取得
　　　　甲南大学経済学部教授、京都大学経済学部教授
　　　　等を経て
現　在　京都大学大学院経済学研究科教授

主な著訳書
『スコットランド啓蒙思想史研究』（名古屋大学出版会、1991年）
『文明社会と公共精神』（昭和堂、1996年）
『共和主義と啓蒙』（ミネルヴァ書房、1998年）
『啓蒙と改革』（名古屋大学出版会、1999年）
『社会の学問の革新』（ナカニシヤ出版、2002年）
『原点探訪　アダム・スミスの足跡』（法律文化社、2002年）
『共和主義の思想空間』（共編、名古屋大学出版会、2006年）
『啓蒙のエピステーメーと経済学の生誕』（編著、京都大学学術出版会、2008年）
ポーコック『徳・商業・歴史』（翻訳、みすず書房、1993年）
ポーコック『マキャヴェリアン・モーメント』（共訳、名古屋大学出版会、2008年）
ハチスン『道徳哲学序説』（共訳、近代社会思想コレクション、京都大学学術出版会、2009年）
フォーブス『ヒュームの哲学的社会学』（監訳、昭和堂、2011年）
ヒューム『政治論集』（翻訳、近代社会思想コレクション、京都大学学術出版会、2011年）、他

学術選書

近代社会とは何か
―ケンブリッジ学派とスコットランド啓蒙　学術選書 062

2013 年 7 月 10 日　初版第 1 刷発行

著　　者…………田中 秀夫
発 行 人…………檜山 爲次郎
発 行 所…………京都大学学術出版会
京都市左京区吉田近衛町 69
京都大学吉田南構内（〒 606-8315）
電話（075）761-6182
FAX（075）761-6190
振替 01000-8-64677
URL http://www.kyoto-up.or.jp

印刷・製本…………㈱太洋社
装　　幀…………鷺草デザイン事務所

ISBN 978-4-87698-862-4
定価はカバーに表示してあります

学術選書［既刊一覧］

＊サブシリーズ　「心の宇宙」→心　「宇宙と物質の神秘に迫る」→宇　「諸文明の起源」→諸

001 土とは何だろうか？　久馬一剛
002 子どもの脳を育てる栄養学　中川八郎・葛西奈津子
003 前頭葉の謎を解く　船橋新太郎　心1
005 コミュニティのグループ・ダイナミックス　杉万俊夫 編著　心2
006 古代アンデス　権力の考古学　関 雄二　諸12
007 見えないもので宇宙を観る　小山勝二ほか 編著　宇1
008 地域研究から自分学へ　高谷好一
009 ヴァイキング時代　角谷英則　諸9
010 GADV仮説　生命起源を問い直す　池原健二
011 ヒト　家をつくるサル　榎本知郎
012 古代エジプト　文明社会の形成　高宮いづみ　諸2
013 心理臨床学のコア　山中康裕　心3
014 古代中国　天命と青銅器　小南一郎　諸5
015 恋愛の誕生　12世紀フランス文学散歩　水野 尚
016 古代ギリシア　地中海への展開　周藤芳幸　諸7
018 紙とパルプの科学　山内龍男
019 量子の世界　川合・佐々木・前野ほか編著　宇2
020 乗っ取られた聖書　秦 剛平
021 熱帯林の恵み　渡辺弘之
022 動物たちのゆたかな心　藤田和生　心4
023 シーア派イスラーム　神話と歴史　嶋本隆光
024 旅の地中海　古典文学周航　丹下和彦
025 古代日本　国家形成の考古学　菱田哲郎　諸14
026 人間性はどこから来たか　サル学からのアプローチ　西田利貞
027 生物の多様性ってなんだろう？　生命のジグソーパズル　京都大学総合博物館・京都大学生態学研究センター編
028 心を発見する心の発達　板倉昭二　心5
029 光と色の宇宙　福江 純
030 脳の情報表現を見る　櫻井芳雄　心6
031 アメリカ南部小説を旅する　ユードラ・ウェルティを訪ねて　中村紘一
032 究極の森林　梶原幹弘
033 大気と微粒子の話　エアロゾルと地球環境　笠原三紀夫・東野 達 監修
034 脳科学のテーブル　日本神経回路学会監修／外山敬介・甘利俊一・篠本滋編
035 ヒトゲノムマップ　加納 圭
036 中国文明　農業と礼制の考古学　岡村秀典　諸6

037 新・動物の「食」に学ぶ　西田利貞
038 イネの歴史　佐藤洋一郎
039 新編 素粒子の世界を拓く　湯川・朝永から南部・小林・益川へ　佐藤文隆 監修
040 文化の誕生　ヒトが人になる前　杉山幸丸
041 アインシュタインの反乱と量子コンピュータ　佐藤文隆
042 災害社会　川崎一朗
043 ビザンツ　文明の継承と変容　井上浩一　諸8
044 江戸の庭園　将軍から庶民まで　飛田範夫
045 カメムシはなぜ群れる？　離合集散の生態学　藤崎憲治
046 異教徒ローマ人に語る聖書　創世記を読む　秦 剛平
047 古代朝鮮　墳墓にみる国家形成　吉井秀夫　諸13
048 王国の鉄路　タイ鉄道の歴史　柿崎一郎
049 世界単位論　高谷好一
050 書き替えられた聖書　新しいモーセ像を求めて　秦 剛平
051 オアシス農業起源論　古川久雄
052 イスラーム革命の精神　嶋本隆光
053 心理療法論　伊藤良子　心7
054 イスラーム　文明と国家の形成　小杉 泰　諸4
055 聖書と殺戮の歴史　ヨシュアと士師の時代　秦 剛平
056 大坂の庭園　太閤の城と町人文化　飛田範夫
057 歴史と事実　ポストモダンの歴史学批判をこえて　大戸千之
058 神の支配から王の支配へ　ダビデとソロモンの時代　秦 剛平
059 古代マヤ　石器の都市文明［増補版］　青山和夫　諸11
060 天然ゴムの歴史　ヘベア樹の世界一周オデッセイから「交通化社会」へ　こうじや信三
061 わかっているようでわからない数と図形と論理の話　西田吾郎
062 近代社会とは何か　ケンブリッジ学派とスコットランド啓蒙　田中秀夫